APRENDA A COMUNICAR-SE

JOHN A. SANFORD

APRENDA A COMUNICAR-SE

EDITORA
IDEIAS&
LETRAS

Direção Editorial:
Carlos Silva
Ferdinando Mancílio

Comissão Editorial:
Avelino Grassi
Roberto Girola

Tradução:
Alessandra Siedschlag

Copidesque:
Leila Cristina Dinis Fernandes

Revisão:
Ana Lúcia de Castro Leite

Diagramação:
Alex Luis Siqueira Santos

Capa:
Reginaldo Barcellos

Título Original: *Between People - Communicating one-to-one*

ISBN 0-8091-2440-8

1ª Reimpressão.

Rua Tanabi, 56
Água Branca
CEP 05002-010 - São Paulo - SP
(11) 3675-1319 (11) 3862-4831
vendas@ideiaseletras.com.br
Televendas: 0800 777 6004
www.ideiaseletras.com.br

Dados Internacionais de Catalogação na Publicação (CIP)
(Câmara Brasileira do Livro, SP, Brasil)

Sanford, John A.
Aprenda a comunicar-se / John A. Sanford; tradução Alessandra Siedschlag. – Aparecida, SP: Ideias & Letras, 2005
(Coleção Mais Vida).

Título original: *Between people : communicating one-to-one.*
ISBN 85-98239-38-0

1. Comunicação – Aspectos psicológicos 2. Comunicação interpessoal
3. Relações interpessoais I. Título.

05-2010 CDD-302.2

Índices para catálogo sistemático:

1. Comunicação interpessoal: Psicologia social:
Sociologia 302.2

Sumário

Minha grande gratidão a Helen Macey, cuja ajuda no preparo deste manuscrito foi, como sempre, inestimável.
E meus agradecimentos especiais a minha esposa, Linny, que contribuiu com muitas ideias e sugestões para este livro, e que me ajudou a aprender muitas coisas sobre comunicação através dos anos.

Dedicado a todas as pessoas que se aconselharam comigo através dos anos e tanto me ensinaram.

Uma nota para o leitor

Há muitos tipos de comunicação. Falamos do rádio, dos jornais ou dos programas públicos como formas de comunicação. Mas este livro é sobre comunicação interpessoal – comunicação entre duas pessoas que têm, ou querem ter, um relacionamento. Às vezes eu vou usar o termo "comunicação interpessoal", mas sempre, usando ou não esse termo, é a esse tipo de comunicação que estou referindo-me, a menos que eu especifique.

Hoje, quando você escreve um livro, encara o problema de que pronome usar quando indica uma pessoa indefinida. Se você diz "Quando *ele* quer comunicar-se, ele pode tentar...", isso parece excluir membros do sexo feminino. Entretanto, se você diz "Quando ele ou ela quer comunicar-se, ele ou ela deve tentar...", fica um pouco estranho. Uma solução é ser ousadamente chauvinista e usar "ele". A outra é tentar ser justo com todo mundo e acabar torcendo a língua, feito *pretzels*. Eu optei por outra solução. Às vezes, quando estiver falando de uma pessoa indefinida, direi "ele" e, outras vezes, direi "ela". Não contei o número total de vezes em que usei o pronome masculino e quantas vezes usei o feminino, mas acho que ficou equilibrado. Espero que isso satisfaça o maior número de leitores possível, sem ser austero demais na linguagem escrita.

I. Comunicação e relacionamento

Como uma bola é maravilhosa! Sua forma redonda confere-lhe propriedades únicas, tanto que é quase impossível resistir a ela. Imagine que você está andando em um parque e que crianças estão brincando com uma bola, perto de você. Enquanto você passa, a bola foge delas e vem rolando em sua direção. Claro que você vai até ela, louco para pegá-la, feito criança, desafiado pela oportunidade de jogá-la de volta aos jogadores. E, quando joga a bola de volta para as ansiosas crianças, por um momento você está conectado com elas. Elas gritam e acenam para você, como agradecimento por sua boa ação de devolver-lhes a bola. Você acena de volta, gentilmente, e volta a andar, sua alma um pouco mais rica por causa do encontro com a bola mágica, e seu espírito momentaneamente energizado pela troca brincalhona com as crianças – troca que aconteceu por causa da bola.

A comunicação entre duas pessoas é assim, porque é como jogar uma bola para lá e para cá. E, tal como em um jogo, os dois participantes são energizados e relacionam-se um com o outro, então realmente flui a energia da comunicação, e duas pessoas são unidas pela energia que vai e volta entre elas.

Pessoas que brincam de bola precisam uma da outra; você não pode brincar sozinho. A comunicação também requer duas pessoas que estejam dispostas a brincar. E, quando brincam, quando a bola da comunicação vai e vem entre elas, elas são trazidas para dentro do relacionamento.

Então, a comunicação interpessoal pode ser entendida como um aspecto particular do relacionamento, e mesmo como uma necessidade para o relacionamento. Podemos pensar nele como algo maior que a comunicação; a comunicação está contida dentro da ideia do relacionamento, mas é apenas uma parte dele, já que o relacionamento envolve muitas coisas. Já sem a comunicação, o relacionamento seria impossível. A comunicação é como uma ponte que liga dois lados de um rio; é uma corrente que une duas pessoas e faz com que o relacionamento seja possível. Sem a comunicação, todos nós seríamos ilhas, separados de outras ilhas por um corpo de água que não suporta pontes.

A comunicação não é o mesmo que um acordo entre as pessoas. Na realidade, a comunicação permite que as pessoas se relacionem quando elas *não* concordam. As pessoas *são* diferentes. Elas inevitavelmente veem a vida de forma diferente e, com frequência, não concordam entre si. Mas o relacionamento não significa fazer com que as pessoas sejam iguais, nem mesmo insistir que elas concordem. O milagre do relacionamento é que ele pode conectar as pessoas de uma forma positiva e significativa, pessoas diferentes e que, portanto, têm uma visão diferente sobre as coisas. Eros (cuidado e calor pessoais) pode unir as pessoas que veem as coisas de uma maneira bem diferente, mas esta conexão só é possível quando acontece a comunicação entre elas.

Algumas pessoas não tentam comunicar-se com as pessoas importantes em sua vida, porque elas dizem erradamente: "Mas quando conversamos, nada nunca é resolvido". Com isso, geralmente querem dizer que não se chega a nenhum acordo em certas questões. Agora, esse pode ser o caso, mas se a comunicação entre elas tiver sido eficaz, isto não significa que nada aconteceu. Porque, onde a comunicação agiu, onde a bola foi jogada e apanhada e jogada de volta, algo mudou. Então as pessoas estão conectadas, mesmo que não concordem.

Ao se descrever a comunicação, pode ser útil mostrar o que ela não é. A comunicação interpessoal não é sermão. Sermão pode ser enxergado como uma forma de comunicação em geral, e uma forma perfeitamente legítima para certos objetivos, como a transmissão de informações ou de ideias. Mas o sermão não é uma comunicação interpessoal porque é unilateral, já que aquele que está dando o sermão está monopolizando a conversa. Se a comunicação interpessoal é como um jogo de pegar a bola, com uma bola sendo jogada para lá e para cá, o sermão é como uma pessoa jogando um monte de bolas em direção a outras. Tem seu lugar na vida, mas não é a forma de comunicação que estamos discutindo neste livro. No entanto, em muitos relacionamentos, as pessoas confundem sermão com comunicação interpessoal. Quando alguém comete um erro, ou faz algo de que não gostamos, dizemos: "Viu, eu disse para ele". Talvez tenhamos dito, mas provavelmente foi um sermão, e não comunicação.

Os pais são particularmente propensos a dar sermões em seus filhos, em vez de comunicarem-se com eles. A eficácia desses sermões parentais dissipa-se rapidamente. Assim que o sermão do pai começa, o filho está inclinado a levantar uma barreira. As palavras são ditas e ouvidas, mas se resiste à mensagem. É especialmente provável que este seja o caso de o sermão ter-se tornado familiar ao filho. E geralmente já se tornou. Os pais têm uma tendência a repetir os mesmos sermões. É como se os sermões fossem numerados, e então o filho diz: "Pronto, lá vem o sermão 22 de novo". Então o muro sobe, e não importa se o sermão está cheio de sapiência parental, não tem mais efeito.

A filha resiste ao sermão do pai porque sabe, dentro de si

mesma, que o pai está dando sermão porque é mais fácil fazer isso que se incumbir da tarefa da comunicação. Como pais, quando damos sermões pensamos que cumprimos nossa obrigação. Não percebemos que muitas vezes simplesmente evitamos a tarefa mais difícil, mas a mais recompensadora e útil, a de comunicar-se com nossos filhos. A filha então sabe que sua opinião e seus sentimentos sobre o assunto não são desejados. Ela se sente diminuída e desimportante, às vezes até não amada. Não surpreende, então, que, apesar de ela ouvir as palavras do pai, ela não as leve até ao coração. É como se uma pessoa jogasse uma bola para outra, mas essa outra não confiasse e se recusasse a apanhá-la, porque pensa: "Ele não quer realmente jogar bola comigo; ele só quer atirar-me a bola e ver-me correndo em direção a ela".

Se a comunicação interpessoal não é sermão, também não consiste em fazer pronunciamentos. Pronunciamentos são afirmações feitas por uma pessoa que assume certo ar de autoridade que as outras imediatamente compreendem que o assunto não está aberto para discussão. Podemos frequentemente perceber isso quando alguém nos está dando sermão, mas os pronunciamentos são às vezes mais sutis porque a pessoa que os faz pensa que está tentando comunicar-se. Às vezes as pessoas fazem pronunciamentos sem mesmo perceber o que estão fazendo. É frequente que o pronunciamento esteja no tom de voz, não nas palavras reais que estão sendo ditas. Mas a outra pessoa é afastada pelos pronunciamentos; ela tem a nítida sensação de que seus pensamentos sobre a questão não serão ouvidos.

Se a comunicação é como um jogo de bola, uma pessoa que faz um pronunciamento é como alguém que joga a bola para a outra e então vai embora. O que é que a outra pessoa pode fazer? Mesmo se tiver apanhado a bola, foi deixada para trás, desesperançosa, porque a outra pessoa não quer brincar, só quer atirar a bola.

Pronunciamentos, assim como sermões, têm seu lugar na vida. Há momentos em que precisamos fazer exatamente isso. Quando queremos censurar, repreender severamente, e dizemos: "Agora isto é assim", temos de fazer um pronunciamento. O sargento da marinha pode não querer gastar tempo comunicando-se com os recrutas. Para ele é suficiente fazer pronunciamentos, e então é assim que será. Mas os pronunciamentos não pertencem ao mundo da comunicação interpessoal, já que esta só pode acontecer quando as pessoas envolvidas estão dispostas a receber a bola, tanto quanto a jogá-la.

Mas isso não impede que façam pronunciamentos, e as pessoas nas posições de autoridade, como nosso sargento da marinha, são especialmente propensas a isso. Ministros, professores, terapeutas, treinadores, médicos e pais estão inclinados a gostar especialmente de fazer pronunciamentos, porque, já que estão em posições de autoridade, é tentador para eles assumir um ar de superioridade quando falam. Frequentemente é mais fácil, ou pelo menos parece, tentar resolver um problema de relacionamento fazendo pronunciamentos em vez de resolvê-lo através da comunicação, já que não há obrigação de se ouvir a outra pessoa. Quando esperamos ou queremos que a outra pessoa esteja em um relacionamento subserviente ou infantil em relação a nós, os pronunciamentos podem ser a pedida. Mas se quisermos uma reposta madura de uma pessoa, e um relacionamento de algum equilíbrio, não adiantará fazer pronunciamentos, já que a outra pessoa se sentirá inevitavelmente impedida, relegada a um papel infantil. É bem comum que a resposta dessa pessoa ao pronunciamento seja, de fato, algo infantil: tanto uma aquiescência infantil quanto uma rebelião infantil.

Em uma situação que pede uma comunicação interpessoal, se, em vez disso, dermos um sermão, provavelmente vamos suscitar indiferença ou até ironia na outra pessoa. Se fizermos um pronunciamento, provavelmente vamos gerar ressentimento e algum tipo de comportamento rebelde com vias a frustrar o ar de autoridade que tomamos para nós mesmos. Mas provavelmente nunca vamos conhecer os efeitos negativos que causamos, porque a outra pessoa, sentindo que não será possível nenhum intercâmbio, geralmente guarda seus sentimentos para si mesma.

Isso traz uma das razões pelas quais a comunicação interpessoal é tão importante, porque o oposto da comunicação é o isolamento, e o isolamento é terreno fértil para o mal. C. G. Jung disse uma vez que o princípio do mal era tão forte que somente duas coisas podiam evitar que uma pessoa fosse ou sua vítima ou sua perpetuadora: primeiro, se sua alma fosse preenchida de um espírito mais forte que o espírito do mal; segundo, se ela estivesse conectada a outras pessoas em uma comunidade calorosa, humana.

A segunda hipótese só pode acontecer onde há comunicação entre as pessoas. Sem essa comunicação, elas se tornam isoladas, e nesse isolamento o mal pode fincar raízes. Algumas reagem ao mal do isolamento desmoronando-se nele, e gradualmente se tornando doentes no corpo e na mente. Outras pessoas tornam-se tomadas pelo mal e fazem mal aos outros. Por exemplo, quando examinamos a vida daqueles assassinos sangues-frios de nossa sociedade que, de forma libertina e sem motivo aparente, matam inocentes, inevitavelmente encontramos pessoas que foram isoladas emocionalmente. Sem serem capazes de comunicar-se com seus irmãos seres humanos, eventualmente aqueles se voltam contra esses.

Para que haja comunicação, ela tem de começar do jeito

certo. Em um jogo, a bola deve ser lançada de forma que possa ser agarrada pela outra pessoa, para que esta então possa jogar a bola de volta. É importante, quando jogamos bola, que o primeiro lance seja bom, que a bola seja lançada dentro do alcance do outro jogador, de forma suficientemente resoluta para alcançá-lo, mas suficientemente suave para que o outro possa segurar. Se duas pessoas estão jogando bola e uma delas a joga de modo muito forte, a ponto de fazer com que a outra tenha de correr atrás da bola, o jogo logo acaba. Ou, se uma pessoa joga o mais forte possível na cabeça da outra, esta pode ficar brava e recusar-se a continuar o jogo.

Sabemos disso quando jogamos bola, mas o esquecemos quando começamos a comunicar-nos, já que muitos de nós dão um lance de abertura que provavelmente terá resultados negativos.

Joan diz a Bill: "Você não liga para mim, só liga para si mesmo. Você é egoísta, assim como seu pai".

Isso é como mirar a primeira jogada na cabeça da outra pessoa. Claro, provavelmente é melhor que não dizer nada, já que *é* uma tentativa de comunicação, um movimento de abertura, para começar alguma coisa. Mas não é a maneira mais útil de se começar uma comunicação, porque Bill, em nossa situação hipotética, não pode deixar de ter uma reação negativa em relação à primeira afirmação de Joan. Provavelmente, ou Bill vai evitar a discussão (por exemplo, saindo de casa), ou vai fazer uma contra-acusação. Nos termos da imagem do nosso jogo, Bill responde ao lance agressivo de Joan ou se recusando a jogar, ou pegando a bola, ou jogando-a de volta, furioso, em direção a ela, tão fortemente quanto ela jogou.

Ou talvez seja Bill que tem algo em mente. Ele diz mordaz: "Esta é a décima vez em que lhe pedi para parar na loja, na volta de seu trabalho, e pegar a câmera que eu deixei para consertar. Eu faço coisas para você, mas você sempre se esquece das coisas que eu peço, porque você só pensa em si mesma".

A palavra "sempre" é geralmente um sinal seguro de que o lance inicial será agressivo. Quando usamos essa palavra, ela traz uma generalização tão devastadora que a discussão é quase impossível.

Mas e se Bill e Joan realmente tiverem feito as coisas das quais são acusados? E se forem culpados das acusações que são feitas contra eles?

Pode ser o caso, e se o que queremos é que a outra pessoa se sinta culpada, talvez para nos vingarmos dela, então a coisa a fazer é começar com uma acusação. Mas se quisermos comunicar-nos, precisamos saber que essa não é uma observação de abertura útil, porque o fato é que a maioria das pessoas sente dificuldade em lidar com a culpa. Não gostamos de nos sentir culpados, e não gostamos das pessoas que nos fazem sentir culpados; a maioria de nós tem o ego fraco, que não consegue aceitar um monte de culpas jogadas sobre nós. O resultado é que uma observação de abertura que gera culpa na outra pessoa quase certamente vai evocar uma reação defensiva ou hostil.

Então, começar uma comunicação eficaz requer pensar um pouco sobre a observação de abertura, já que a forma com que o diálogo começa geralmente determina a forma com que ele seguirá. Uma forma útil de se iniciar uma comunicação é começar com uma expressão de nosso sentimento, em vez de uma afirmação acusatória.

Voltando a nossos exemplos: Em vez de acusar Bill abertamente de ser egoísta, Joan poderia ter dito: "Eu me senti sozinha na festa, ontem à noite. Fiquei com raiva quando pareceu que queria ficar mais com seus amigos que comigo".

E Bill poderia ter dito a Joan: "Fiquei chateado ontem à noite quando cheguei em casa e descobri que você não havia feito a encomenda para mim. Fez com que eu sentisse que não sou importante para você".

Claro que ainda há uma nota de acusação nessas afirmações de abertura. Não existe jeito de contornar o fato de que Joan está sendo crítica com Bill, e vice-versa. Apesar disso, é mais provável que uma afirmação de abertura que expresse o sentimento de uma pessoa receba uma resposta positiva e útil do que uma afirmação de abertura que gera culpa.

Outra forma de se abrir a comunicação é com uma afirmação sobre *nosso* problema. Por exemplo, Bill poderia ter dito: "Sabe, eu tenho um problema. Quando você se esquece de fazer uma encomenda para mim, eu sinto que você está esquecendo-se porque não liga para mim". De fato, essa afirmação pode ser verdade. Pode ser um problema mais de Bill, que ele aumenta pequenos incidentes, tornando-os grandes.

Ou então Joan poderia ter dito: "Sabe, eu tenho um problema nessas festas, porque quando você se afasta com seus amigos parece que eu não consigo me virar sozinha". E talvez Joan realmente tenha um problema. Será que Bill deveria ficar ao lado de sua esposa para que ela não se sentisse deixada de lado? Será que ela não pode circular e conversar com as pessoas, sozinha? Tudo isso, claro, é o que duas pessoas precisam resolver, juntas. Talvez a comunicação ajude ambas as pessoas a aprenderem algo sobre si mesmas.

Para usar outro exemplo hipotético: Harry está chateado porque sua esposa, Susan, voltou a beber. Uma noite, ele diz sarcasticamente: "É, eu acho que é assim que vai ser agora, bêbada uma noite após a outra". Claro que sua esposa explode de forma raivosa.

Mais tarde, depois de pensar nisso, ele volta ao assunto. Dessa vez, começa dizendo: "Susan, tenho de lhe dizer que, quando você bebe, eu sinto que isso destrói nosso relacionamento. É por isso que eu desejo que você pare".

Susan fica com raiva de novo, mas sua raiva não dura muito dessa vez. E ela para de beber, porque agora sabe como seu marido se sente e que o que ele valoriza é o relacionamento, quando antes ela sentia que ele estava apenas sendo hostil e crítico com ela.

Se o que queremos é comunicar-nos, devemos lembrar-nos de que não é suficiente estarmos certos. A comunicação não é questão de se estar certo, mas de começar um fluxo de energia entre duas pessoas que pode resultar em entendimento mútuo. Se é isso o que queremos, devemos levar em consideração a realidade humana da outra pessoa, e não jogar em cima dela mais do que ela pode suportar.

Na verdade, levar a outra pessoa em consideração é essencial para todas as formas de comunicação. Por exemplo, uma pessoa que dá sermões de forma eficaz não apenas tem suas ideias bem em mente, mas também observa sua plateia, olhando para ela e sentindo se suas ideias estão ou não a atingindo. Quando uma autora escreve um livro, ela tem em mente o tipo de público que espera que o leia, e apresenta seu material de acordo com isso; se ela não fizer isso, provavelmente acabará escrevendo apenas para si mesma. Na verdade, a regra da escrita eficaz é: "Nunca se esqueça de seu leitor".

Se é verdade com o sermão ou com a escrita, é ainda mais verdade com a comunicação interpessoal: as pessoas que tentamos atingir devem ser levadas em conta. É útil se dissermos coisas que elas sejam capazes de receber.

Somente quando as pessoas se comunicam elas conhecem uma a outra. Podemos viver com pessoas durante anos e ainda sermos estranhos quando não há comunicação. Os jovens, principalmente, às vezes dizem: "Meus pais nem sabem quem eu sou. Eles nunca me ouvem, então não sabem o que estou pensando ou sentindo. Eles pensam que me conhecem, mas eu sou, na verdade, um estranho para eles".

Muitos anos atrás, eu cruzei com uma carta que uma jovem escrevera para uma revista, descrevendo como era para ela quando seus pais não a escutavam. Essa carta é a inspiração para a carta imaginária (a seguir) que uma jovem assim poderia escrever se sentisse que durante sua infância não fora ouvida:

> "Eu sei que amo meus pais, e que eles me amam, mas eles estragaram minha vida porque não me escutam. Todas as vezes em que tentei falar com eles, sempre diziam: 'Depois... Não posso falar agora... Estou muito ocupado'. Quando eles ouviam, com frequência me diziam: 'É estúpido você se sentir desse jeito por isso...' Ou: 'Eu sei. Já passei pela mesma coisa'. Mas eu sei que eles não passaram pela mesma coisa, e que não se sentiram como eu me sentia.
>
> Quando diziam tais coisas, ou não me ouviam, então eu parava de tentar conversar com eles. Isso fazia com que eu sentisse que não havia por que lhes falar, e doía tanto quando me entendiam mal ou não prestavam atenção.
>
> Meus pais mostravam seu amor por mim sendo responsáveis. Não queriam que eu fizesse nada errado, porque isso mostraria que eles haviam feito algo errado e então Deus puniria a todos nós. Então me mandaram para uma escola religiosa. Fizeram-me ir para que eu não desse errado. Eles sempre me tentaram impedir de fazer o que era errado em vez de me ouvirem para que eu decidisse o que era certo por mim mesma.
>
> Então, como estou agora? Eu bebo demais, eu me drogo, e faço muito sexo com garotos, mas não amor. Estou terrivelmente confusa.
>
> A pior coisa é que, se meus pais lerem esta carta, não vão ter a menor ideia de quem a escreveu. Esta é a razão pela qual se eu tivesse uma coisa para lhes dizer seria: Parem de falar por um segundo e ouçam, ouçam, ouçam".

Nossa jovem imaginária admoestou os pais a ouvirem, a ouvirem, a ouvirem de novo. É essencial que *todas* as pessoas que querem comunicar-se ouçam, não apenas os pais. Em um capítulo futuro, vamos ver o que acontece no processo da escuta criativa, mas primeiro precisamos examinar mais de perto o que acontece na comunicação quando o lance de abertura foi arremessado e apanhado, e o processo começou.

II. Trabalhando a agenda

Uma agenda é uma lista de coisas que queremos cumprir ou trabalhar. Por exemplo, em uma reunião de negócios, a agenda inclui os diferentes itens que devemos abordar para discussão e resolução. Quando duas pessoas vivem juntas, elas inevitavelmente acumulam na agenda questões que devem ser abordadas, discutidas e resolvidas. Às vezes a agenda remonta a um tempo muito antigo e inclui itens que a pessoa pode ter esquecido há muito tempo, mas que a outra pessoa os manteve vivos. Ou então a agenda pode incluir apenas o que aconteceu ontem, ou alguns planos para o futuro. A agenda, com frequência, inclui muitos itens diferentes, mas geralmente existe um que é de maior importância.

A comunicação é questão de trabalhar a agenda; e seu sucesso depende da habilidade daqueles envolvidos de trabalhar a agenda de ambos. Mas não é tão fácil quanto parece, porque muitas vezes uma pessoa bloqueia a agenda da outra. Outras vezes, a agenda é apenas parcialmente trabalhada, algumas coisas foram discutidas, mas os itens mais importantes ainda não foram abordados.

Para usar nossa imagem da comunicação como um jogo de bola: quando uma pessoa joga a bola, é uma tentativa de começar a trabalhar uma agenda com a outra pessoa. Se a outra não pegar a bola e lançá-la de volta, o processo como um todo é abortado. E se a bola não for jogada para lá e para cá por tempo suficiente, nem todos os itens da agenda são discutidos.

Se alguém tem algo importante para discutir, você pode pensar que ele vai abordá-lo logo de início, que o lance de abertura da bola tem a ver com o assunto mais importante a ser discutido. Muito frequentemente este é o caso, mas nem sempre. Às vezes uma pessoa aborda algo de menor importância para ver se a atmosfera está boa para a discussão, antes de arriscar a abordagem de assuntos mais difíceis. Em outros momentos, ela pode nem saber o que é sua agenda. Frequentemente começamos uma discussão sob o ímpeto de uma emoção vagamente definida, porém poderosa. Há algo que queremos comunicar, mas não sabemos o que é, e não vamos saber até que o fluxo de comunicação comece e nossas emoções tragam os problemas mais profundos à superfície.

Por exemplo, John pode chegar em casa e começar a reclamar das coisas. Mary, sua esposa, não consegue ver que as coisas estão tão ruins e, sabiamente, começa a suspeitar de que outra coisa é o problema, na verdade. Como ela o escuta por tempo suficiente e não fica magoada ou na defensiva, de repente descobre que as coisas deram errado no trabalho. *Aquilo* era o que John queria conversar, na verdade; *aquilo* era a preocupação que ele tinha para comunicar, mas ele mal sabia, ele mesmo, até começar a falar.

Ou, John pode ficar surpreso quando Mary começa a reclamar que ele não recolhe suas roupas e que não as guarda. Ele não vê razão para isso incomodá-la, mas isso o abala porque a quantidade de emoção que ela está demonstrando é maior que a situação permite. Entretanto, ele discute pacientemente o assunto com Mary e, à medida que a discussão evolui, ela chega à preocupação genuína: ela está com raiva dele porque um dia antes, quando repreendia as crianças, ele se opôs a seu método na frente delas. Isso a fez sentir que não tinha apoio e que estava ficando enfraquecida, e ela teve de expressar sua raiva sobre isso para poder relacionar-se com seu marido novamente. A questão de John estar deixando suas roupas no chão era importante também, porque era uma chateação para ela, e iria continuar a irritá-la até ser trabalhada. Mas isso era apenas um item em sua agenda, e não o mais importante.

Uma mãe leva seu filho da escolinha para casa. Ele vê seus coleguinhas de bairro do lado de fora de sua casa e primeiro parece feliz, mas depois, injustificadamente, fala de modo rude: "Vão embora; vocês não são meus amigos!". O primeiro impulso da mãe é o de repreender seu filho, mas ela está perplexa com sua atitude hostil e decide não criar um problema enquanto isso. Só depois é que ela sabe, por parte da professora, que outros meninos na escolinha têm excluído seu filho das brincadeiras, dizendo: "Vá embora, você e sua pele escura; você não é um de nós". O menino é muito pequeno para saber como contar a sua mãe sobre seu problema na escola e como esses sentimentos o machucam. A única maneira que ele conhece de comunicar sua dor é inflingi-la aos outros, mesmo que eles não o tenham machucado. Seu comportamento é uma tentativa de fazer com que os outros vejam sua necessidade. Nesse caso ele teve sucesso porque sua mãe persistiu para descobrir o que havia de errado. Ela escutou seu filho de forma correta – ele estava expressando dor – e não se deixou distrair por seu comportamento superficial.

Como todos sabem – quem já esteve em uma reunião de negócios ou em uma conferência –, leva tempo para trabalhar uma agenda. Essa é a razão por que tudo o que bloqueia o fluxo de energia em discussão é disruptivo à comunicação. Um dos bloqueios mais frequentes é a interrupção. A interrupção é disruptiva à comunicação porque para o fluxo de energia da outra pessoa. Além do mais, quando os outros nos interrompem, sentimos que não fomos ouvidos; é como se começássemos a lançar a bola para eles em nosso jogo, mas eles a alcançassem e a levassem para longe de nós. Então, em vez de jogá-la novamente para nós, eles correm e vão embora com ela.

Há vários motivos pelos quais interrompemos os outros. Um motivo importante é porque temos nossa própria agenda e não podemos esperar para chegar nela; frequentemente algo que a outra pessoa nos disse lembra disso. Então, sem esperar que a outra pessoa complete o lance, roubamos a bola para fazer o nosso lance. Isso é lamentável, mas compreensível e até perdoável se não acontecer com muita frequência. Mas às vezes interrompemos o outro por razões mais profundas: Não gostamos do que estamos ouvindo, então interrompemos para mudar o curso da discussão. Interromper é nosso jeito de nos defendermos contra algo que é desagradável; torna-se uma das técnicas de evitação que veremos mais profundamente nos próximos capítulos.

Entretanto, ocasionalmente nós interrompemos porque a outra pessoa fica falando e falando e, a menos que a interrompamos, nunca seremos ouvidos. Pior ainda, podemos ser dominados por sua conversa, que não é mais uma tentativa de comunicação, mas um discurso que deseja o controle como objetivo. Então tentamos tomar sua bola, interrompendo. Mesmo assim, se devemos interromper, é melhor dizer algo como: "Mas você não está me deixando falar nada". Se simplesmente a interrompemos com o que queremos dizer, ela vai, por sua vez, interromper-nos, e toda a conversação, se é que pode ser chamada assim, acaba. Mostrando para a outra pessoa que ela não está nos deixando falar, fazemos um apelo para seus sentimentos mais nobres e é possível que a conversa fique mais equilibrada. A comunicação eficaz, nesse ponto, requer paciência e maturidade: a paciência para escutar o que a outra pessoa está dizendo antes de interrompermos com nossa agenda, e a maturidade para sermos capazes de indicar-lhe que a ouvimos.

É extremamente importante que saibamos que as pessoas significativas em nossa vida nos escutam. Mesmo se elas não concordarem conosco, precisamos sentir-nos ouvidos; de outra forma, pensaremos que todas as nossas tentativas de comunicação falharam. Não sermos ouvidos produz frustração, isolamento e raiva. Se nós não somos ouvidos da primeira vez, podemos tentar de novo, e de novo, mas se sentirmos que a outra pessoa se recusa a nos ouvir, podemos desistir.

O número mágico é três. Por alguma razão, geralmente damos para a outra pessoa três chances de nos ouvir. Se as três tentativas de sermos ouvidos e compreendidos falharem, provavelmente vamos parar. "Três jogadas e você está fora." É uma coisa que todo conselheiro descobre quando ouve seus clientes. Eles vão dar-lhe três chances de ouvir o que dizer, mas se ele falhar, depois da terceira vez provavelmente eles vão calar-se, e o conselheiro pode nunca saber por que a entrevista de repente morreu. Mas o que acontece em aconselhamentos é somente uma variante do que acontece em qualquer forma de comunicação interpessoal

Então, é útil aprender a ouvir o que a outra pessoa está falando, e como fazer com que ela saiba que a ouvimos, respondendo de maneira apropriada. É verdade, nós temos nossa agenda própria, que pode estar explodindo de vontade de aparecer, mas pode esperar. Ouça, primeiro. Indique, em uma resposta, que você a ouviu, e você irá descobrir que o outro está satisfeito. Ele se sente satisfeito em sua tentativa de ser ouvido. Um milagre aconteceu: Agora *ele nos* pode ouvir.

É fácil falar, mas não é fácil fazer. Requer compreensão e disciplina escutar outras pessoas de forma criativa e ouvir o que elas dizem. É isso que vamos discutir em nosso próximo capítulo.

III. O poder da escuta criativa

A escuta criativa acontece quando uma pessoa devota sua total e profunda atenção para o que a outra está dizendo. A escuta criativa é receptiva, mas não passiva. É receptiva porque o ouvinte está levando em conta o que a outra pessoa está falando, sentindo e experimentando. É ativa e não passiva porque o ouvinte está tentando, ativamente, entender o que ela está expressando.

Há um poder curador na escuta criativa, porque ela desenvolve um clima entre duas pessoas no qual o relacionamento e o entendimento podem crescer. Ela também alivia o isolamento e, como dissemos em um capítulo anterior, tende a evitar que o mal se desenvolva.

Como a escuta criativa é curadora, os psicoterapeutas desenvolvem suas capacidades de ouvir o que as pessoas estão dizendo. Os anais de psicoterapia estão cheios de histórias nas quais a capacidade do terapeuta de ouvir criativamente liberou a autocura em um paciente e trouxe à tona uma cura. Uma história dramática dessa cura é encontrada no livro de Robert Lindner, *The Fifty Minute Hour*. No último capítulo de seu livro, Dr. Lindner discute um físico brilhante que se tornou psicótico. Na psicose do físico, ele desenvolveu uma elaborada fantasia de ficção científica que lhe era tão real que ele viveu dentro dela até a exclusão do que era ordinariamente chamado de realidade. Dr. Lindner decidiu ouvir seu paciente de forma cuidadosa, enquanto ele lhe contava sobre suas fantasias de espaço, de planetas e de viagens interestelares. Logo tudo ficou bem absorto tanto para o doutor quanto para o paciente e, à medida que as semanas se passavam, Lindner nos conta que foi ficando cada vez mais envolvido. Ele começou a antecipar a hora com seu paciente, para que pudesse ouvir o desenrolar desse mundo de grande fantasia; em resumo, ele estava ouvindo atentamente. Mas chegou uma hora em que Dr. Lindner notou uma diferença em seu paciente. Mesmo que o físico contasse suas histórias como sempre, algo estava diferente. Gradualmente, Lindner percebeu que o físico não mais acreditava no que dizia. Confrontado com isso, o paciente admitiu que há algum tempo ele havia percebido que o que ele contava era fantasia e não fatos reais. Em outras palavras, ele não era mais psicótico. Por que ele não contou isso antes para o doutor? A resposta é que Lindner se tornara tão interessado que ele não queria desapontá-lo.

Eis um exemplo de um terapeuta que ajudou seu cliente através da escuta criativa. Lindner nunca interpretou o significado das fantasias, nunca investigou o passado do físico nem usou qualquer dos procedimentos que muitos analistas freudianos ou junguianos usariam. Mas através da escuta ele entrou no mundo de fantasias de seu paciente e isso o curou, porque só existe espaço para uma única pessoa em psicose. Uma vez que o isolamento do físico foi quebrado pela escuta criativa de Lindner, o homem saiu de seu estado psicótico.

Esse é um exemplo do poder da escuta criativa, mas não se deve supor que essa escuta seja técnica reservada para o uso de psicoterapeutas. A escuta criativa é uma parte fundamental e importante de todas as relações humanas. É essencial para todos nós aprendermos a ouvir os outros de modo criativo: amigos ouvem amigos; empregados ouvem empregados e vice-versa, pais ouvem filhos, maridos ouvem esposas e vice-versa. Nós até precisamos ouvir nossos inimigos e aqueles que se opõem a nós na vida. Dessa forma, podemos modificar completamente um relacionamento, ou, pelo menos, aprendemos algo importante.

Há muitos motivos pelos quais tantas pessoas não têm a arte da escuta criativa em nossa cultura. Primeiro, porque a escuta criativa não vem naturalmente, mas é, para a maioria das pessoas, uma habilidade que deve ser adquirida. Gostaríamos de pensar que a capacidade de nos relacionarmos vem naturalmente, mas grande parte dela é algo que deve ser aprendido na vida, como também outras habilidades. Isso é uma coisa que requer trabalho.

Segundo, muitas pessoas não têm a arte da escuta criativa por causa daquilo que ela não é. Não é dar sermão. Não é dar conselhos. Não é admoestar alguém. Não é fazer pronunciamentos. Não é julgar. Todas essas funções, como notamos anteriormente, podem ter seu lugar na comunicação humana, mas não pertencem à escuta criativa. Quando queremos ouvir, temos de ser cuidadosos para não considerarmos aquela parte de nós que quer dar sermão, admoestar, aconselhar ou julgar. Mas é bem aqui que muitas pessoas falham ao escutar, porque o nosso lado julgador-passador-de-sermão-aconselhador quer pular e tomar conta. Para ouvir de forma eficaz, devemos ser capazes de deixar de lado essas outras funções, ao menos por um momento. Isso significa que, quando ouvimos alguém, devemos rejeitar a tentação de nos intrometer e dizer: "Deixe-me dizer o que eu faria..." ou "Eu entendo exatamente o que você está sentindo...".

Escutar de forma criativa, e não nos intrometendo com nossos conselhos, ajuda a pessoa a trabalhar sua agenda. Já notamos que, quando as pessoas querem comunicar-se, elas têm, via de regra, uma agenda que deve ser trabalhada. Quando as escutamos, isso lhes dá a satisfação de terem sido capazes de expressar todas as coisas que as estavam chateando, todos aqueles problemas e sentimentos que queriam ser compartilhados.

Mas aqui chegamos a um problema, porque é provável que também tenhamos a nossa própria agenda. Especialmente em um relacionamento interpessoal próximo, as duas pessoas têm suas agendas, e quando elas começam a falar conosco sobre seus sentimentos, nós naturalmente queremos abordar os nossos sentimentos também. Apesar disso, se quisermos escutar de forma criativa, devemos aprender a colocar de lado a nossa própria agenda por ora, e ouvir o que a outra pessoa está dizendo. Talvez ela então nos ouça também. Se não, o relacionamento irá tornar-se desigual e perderá sua resistência, porque para manter um relacionamento ambas as pessoas devem colocar energia nele. Primeiro, honramos a necessidade de se expressar da outra pessoa, se foi ela quem começou o diálogo; depois podemos ter a nossa vez.

Quando chegar nossa vez, e a tivermos escutado e ouvido o que ela está falando, descobriremos que será mais provável que ela ouça sobre nossa agenda do que seria possível se nós não a tivéssemos escutado primeiro. Porque, como notei antes, quando alguém tenta expressar-se para a outra pessoa, e esta recusa-se a escutá-la, ela se sente frustrada e bloqueada e não está em uma posição de escutar o que está sendo dito de volta. Mas se ela sente que foi ouvida, está aberta para ouvir a outra.

Essa é a razão pela qual eu disse que certas habilidades em relacionamentos não vêm naturalmente, porque é preciso disciplina de nossa parte em escutar o que o outro está dizendo, e escutar até que ele acabe. É preciso disciplina para segurar a nossa própria lista de lamentos ou qualquer outra coisa em nossa mente. Podemos pensar nessa devoção à audição como um sacrifício, já que sacrificamos nossa própria agenda por ora, e devotamos nossa energia de uma forma sacrificante à outra pessoa. Isso requer e desenvolve maturidade, porque é preciso maturidade para ser capaz de se sacrificar desse jeito em nome da comunicação.

Já foi dito que nos tornamos o que fazemos. Escutar é uma atividade que amadurece. Se escutarmos de forma criativa, isso não apenas irá ajudar a outra pessoa, mas também nos ajudará a amadurecer.

A escuta criativa é simples, mas também um trabalho árduo. É como cortar uma árvore com um machado. Há apenas alguns princípios básicos a serem seguidos quando a cortamos, mas é um trabalho árduo. E escutar é um trabalho árduo, porque requer uma concentração de energia na outra pessoa e no que ela está dizendo e sentindo. Na verdade, em geral é mais importante escutar os sentimentos que o conteúdo.

Uma vez que tenhamos escutado o que a outra pessoa está dizendo, isso geralmente ajuda a refletir aquilo de volta para ela. Vamos pegar a situação em que um homem voltou do trabalho para casa e começou a reclamar das coisas pela casa. Sua esposa pode dizer: "Parece que você está bravo comigo". Isso dá a seu marido a chance de esclarecer a situação. Ele pode responder: "Não, eu não estou bravo com você. Estou bravo, mas não é com você; é com o que aconteceu no escritório hoje". Dessa forma, um desentendimento sério em potencial pode ser resolvido. E também, quando refletimos de volta o que escutamos a outra pessoa dizer, estamos indicando-lhe que realmente a escutamos. Nos termos da nossa analogia, mostramos para essa pessoa que vimos e pegamos a bola, e estamos prontos para jogar com ela.

Simples, mas é um trabalho árduo. Essa é a escuta criativa. E precisamente porque *é* um trabalho árduo que não escutamos todo mundo, nem podemos sempre estar disponíveis para pessoas que querem que as escutemos. Por exemplo, se alguém tiver bebido, podemos não querer escutá-lo. Não faz bem escutar uma pessoa que está sob a influência do álcool; isso nos drena e não a ajuda. A situação é parecida a respeito de pessoas sob a influência de drogas. Às vezes não ajuda que as escutemos pelo telefone, também (mas nem sempre). A razão para isso é que, quando uma pessoa nos telefona, é conveniente para ela, mas talvez seja inconveniente para nós. Muitas pessoas telefonam para outras e imediatamente começam a falar sobre sua agenda, sem perguntar se é ou não uma boa hora para tal conversa. Isso pode refletir uma atitude manipuladora ou egocêntrica da parte dessas pessoas, e se, através de um falso sentimento ou de culpa, nos sentimos compelidos a escutá-las, não as ajudamos, mas apenas lhes damos confirmação para sua atitude egocêntrica.

Resumindo, não faz bem para ninguém escutar outra pessoa a menos que ela converse com responsabilidade. Escutar alguém é como lhe dar um presente. Não faz bem dar um presente a menos que queiramos dá-lo, ou o sintamos como parte de nossa integridade de dá-lo. Por exemplo, uma conselheira pode escutar um cliente, ela querendo ou não, porque o cliente está pagando-lhe para escutar. Mesmo se ela não estiver a fim de escutar, ela é uma profissional que honra sua obrigação com seu cliente e desenvolveu cuidadosamente a habilidade de responder às necessidades dele quando chamada a fazê-lo, em uma hora apropriada. Uma mãe sensível pode também escutar um filho pequeno que tem uma súbita necessidade de ser escutado, mesmo que ela não queira escutar no momento. Ela escuta quando a criança quer ser escutada, porque sabe que a necessidade daquela criança é *agora* e não pode ser adiada; ela quer honrar isso com a criança, e sente que é sua tarefa escutar quando pode. Mas essa disposição de escutar, não importa como nos sintamos no momento, não se estende a todos. Na verdade, mesmo a conselheira ou a mãe podem pedir um adiamento de uma situação em que deveriam escutar se não se sentirem capazes de fazê-lo naquele momento. Há momentos em que não podemos escutar os outros porque não temos energia; podemos estar fragmentados, exaustos, ou absortos demais com nossos próprios problemas. Nesse caso, podemos marcar um compromisso em algum momento futuro definido para discutir o assunto. Isso dá-nos a oportunidade de nos tornarmos internamente prontos a escutar e de termos a energia disponível para a outra pessoa.

A ideia de uma pessoa sobre qual é a hora errada de discutir um assunto pode ser diferente daquela de uma outra pessoa. Digamos que seja uma hora da manhã e John esteja cansado, e que vá encarar um dia duro no escritório pela manhã, mas Mary tem alguma coisa em mente. De forma a testar John, ela começa a levantar o assunto, mas John reclama. Está tarde. Ele está cansado. Ele tem de trabalhar no dia seguinte. "Por que você está falando disso agora?", ele diz, com raiva. Mas Mary recusa-se a desistir. Durante o dia, John esteve muito ocupado para conversar com ela, e foi assim durante o fim de semana também. "Eu estou falando com você agora porque essa é a única hora em que você não pode fugir", ela retruca, ressentida.

Quem está certo, John ou Mary? Será que Mary está falando sobre o assunto difícil à uma da manhã só para punir John por tê-la ignorado? Ou será que ele trouxe essa dificuldade para si próprio, rechaçando tanto sua esposa que não tem outro recurso além de tentar conversar com ele agora? Uma coisa é certa – o momento que Mary escolheu trouxe um novo problema a ser discutido: Como eles estão relacionando-se, ou como não estão conseguindo relacionar-se. Se John vai levantar-se e discutir o problema com ela à uma da manhã, ou se Mary vai concordar em esperar até a manhã seguinte, dependerá logicamente de como o casal irá escolher lidar com a situação.

Como vimos, a escuta criativa frequentemente tem resultados

que ajudam e que são inesperados, porque capacita as pessoas a trabalhar suas agendas. Por essa razão, quando a escuta criativa ocorre, problemas que ninguém poderia ter antecipado vêm à tona. O exemplo seguinte ilustra isso.

Alguns anos atrás, eu estava dando uma aula sobre aconselhamento para alunos mais velhos que estavam treinando para o ministério. A maior ênfase do curso estava na escuta criativa e no aconselhamento reflexivo (não diretivo). Para ajudar os alunos-pastores a adquirir essa habilidade, pedia-se que eles entrevistassem pessoas em hospitais, ou em outra situação de crise, e trouxessem de volta um relatório verbatim sobre o que transpirou. Um de meus alunos-pastores era paciente de um hospital na época, sendo tratado de um problema menor. Seu colega de quarto era um sujeito rústico a quem ele chamava de "Miúdo", por causa de seu tamanho imenso. Durante a estada do aluno no hospital, um amigo foi visitá-lo, e Miúdo não pôde deixar de ouvir sua conversa. Com isso, Miúdo descobriu que seu colega de quarto era um pastor. Isso levou à seguinte conversa entre Miúdo e meu aluno, que a usou para seu relatório verbatim. As partes em parênteses são meus próprios comentários sobre as réplicas que o aluno fazia à conversa de Miúdo.

> Miúdo (começando a conversa): Você é um pastor ou algo assim?
>
> Aluno-pastor: Bom, de certa forma; eu tenho meu próprio negócio, mas estou indo à escola estudar para o ministério.
>
> Miúdo: Minha esposa e eu fomos ver nosso pastor, mas ele nos mandou para um aconselhamento de casais.

(Satisfeito por estar com um ministro, que é alguém com quem ele pode conversar sobre seus problemas, Miúdo agora aborda sua agenda.)

AP: O conselheiro conseguiu ajudá-los?

(No aconselhamento, tentamos desencorajar muitas perguntas diretas, já que elas tendem a afastar a iniciativa da pessoa que precisa falar. Entretanto, a pergunta do aluno-pastor *indica* que Miúdo foi ouvido.)

Miúdo: Ah, não sei. Hoje, converso com ela bem mais que antigamente, mas ainda não brigo com ela. Acho que isso era parte do problema. Eu não brigava com ela e isso a deixava louca.

(Miúdo livra-se da pergunta direta o mais rápido possível e passa para o segundo item de sua agenda: o fato de que ele não briga e que isso deixa sua esposa brava.)

AP: Você acha que ela só queria chamar sua atenção?

(O pastor não resiste e oferece uma interpretação do comportamento da esposa. É uma interpretação plausível, mas vem muito rápido. Apesar disso, é uma reposta que indica, novamente, que o pastor *está* escutando.)

Miúdo: Não sei. Você sabe que eu sou motorista de caminhão, saio de casa às cinco da tarde e volto lá pelas quatro da manhã. Então, durmo até bem tarde. Aí eu me levanto, como e me apronto para ir trabalhar. Então, acho que não tenho muito tempo para conversar com ela.

(O desinteresse de Miúdo na interpretação prematura do pastor reflete-se no jeito casual com que ele se livra da pergunta e então se apressa para o ponto seguinte da agenda: o modo como vive sua vida.)

AP: É um horário bem difícil. Você tem filhos?

(No aconselhamento, as expressões de complacência geralmente são desencorajadas. Talvez Miúdo tenha escolhido essa vida para si. Se foi assim, por que ser complacente? A pergunta sobre crianças é outra pergunta direta, mas talvez o pastor precise saber isso para ter um quadro apropriado em sua cabeça, um quadro da situação total.)

Miúdo: Sim, um menino de três anos e um bebê de apenas catorze meses. E tem outra coisa – eu fiz com que ela parasse de trabalhar porque não estava cuidando da casa e das crianças direito. Ela trabalhava na Penney's, mas a casa e as crianças vêm primeiro.

(Novamente Miúdo se livra da pergunta direta rapidamente e se apressa para contar mais de sua história. Isso mostra sua necessidade de que alguém o escute.)

AP: Acho que você não tem muito tempo para as crianças com o seu horário de trabalho.

(Pela primeira vez o pastor resiste à tentação de vir com uma pergunta direta. Sua resposta mostra que ele escutou o que Miúdo disse.)

Miúdo: Ah, eu brinco um pouco com meu menino, e assistimos aos desenhos animados na TV, à tarde. Mas o bebê é muito pequeno. Eu volto para casa amanhã de manhã e ficarei feliz em vê-lo. Estou aqui já há cinco semanas. Minha esposa estava aqui hoje à tarde e eu lhe disse para amanhã cedo vir me buscar. Estou feliz de voltar para casa.

(Talvez porque a resposta prévia do pastor indicou interesse e que ele havia ouvido, Miúdo agora continua contando muito mais de sua história, e o pastor aprende muito mais coisas sobre ele: seu relacionamento com seu filho, seu modo de vida, quanto tempo ele ficou no hospital e o fato de que sua esposa na manhã seguinte irá levá-lo para casa.)

AP: Tenho certeza de que você está feliz. Seu filho de três anos deve ter crescido desde a última vez em que você o viu.

(Outra resposta indicando que Miúdo foi ouvido.)

Miúdo: É. Ele é um menino e tanto. Minha esposa melhorou no cuidado com as crianças, mas ainda não está bom o suficiente. Ela fica acordada até de madrugada e então dorme até tarde no dia seguinte. Mas as crianças acordam cedo e têm de se cuidar sozinhas. Acho que ela tinha de se deitar cedo, acordar com as crianças e tomar conta direito delas.

(Neste ponto o pastor deve, certamente, ter ficado tentado a emitir um juízo. Estamos começando a ser complacentes com uma esposa que tem de viver com um homem tão censor e crítico. Mas o pastor resiste bravamente a essa tentação, apesar de, em sua próxima resposta, não conseguir resistir a outra pergunta direta.)

AP: É esse o principal problema entre você e sua esposa que faz com que ela queira brigar?

Miúdo: Não sei. Mas você sabe que, quando fico bravo, eu poderia dar um soco bem na parede ou na porta. Não ouso bater em ninguém. Eu quase matei duas pessoas uma vez e, desde então, tenho de ter cuidado.

(Isso mostra a importância de escutar. A pergunta direta do pastor foi, novamente, prematura. Miúdo ainda não havia discorrido completamente sobre sua agenda. Ele precisa conversar com alguém sobre as terríveis memórias que tem dos tristes resultados de seu mau gênio. Ninguém adivinharia que ele tinha tal necessidade. Só o processo de escuta permite que isso seja revelado.)

AP: Como isso aconteceu?

(Talvez o pastor tenha dito isso com espanto; pensar que este homem imenso quase matou alguém é espantoso.)

Miúdo: Bom, quando era mais novo, estava brincando com algumas crianças e empurrei uma delas em cima de um arbusto. O arbusto tinha uns galhos que haviam sido quebrados e as pontas estavam bem afiadas. Acho que empurrei essa criança com tanta força que as pontas furaram seu peito e sua garganta. Outra vez, uma criança estava provocando meu irmão, que é deficiente mental, e eu a levantei e quase a joguei da ponte, mas minha mãe me impediu bem na hora – mas eu realmente estava para jogá-la lá de cima. De qualquer forma, é por isso que não quero brigar com ela ou qualquer outra pessoa de novo.

(Então Miúdo finalmente conta sua história atemorizante. Foi um alívio ter alguém que o escutasse contar essa história. Imaginamos se alguém mais já ouviu isso? Também imaginamos *se sua esposa,* que está tão frustrada por ele não querer brigar, sabe disso. Só através da escuta é que essa história poderia emergir.)

AP: O que você faz quando fica furioso?

(Outra pergunta direta. Uma resposta melhor teria sido: "Você tem tantas más memórias de sua raiva que tem medo de brigar de novo". Isso permitiria que Miúdo continuasse do modo que quisesse. Apesar disso, a pergunta do pastor foi suficientemente inteligente para indicar para Miúdo, uma vez mais, que ele foi ouvido. Por que o pastor pressiona Miúdo com tantas perguntas diretas? Talvez porque esteja ansioso para resolver o problema. Este é um perigo constante no processo de escuta: tentar pressionar para uma solução ou resposta. Mas a única resposta real para os problemas humanos está na capacidade de cada pessoa de resolver as coisas por si mesma.)

Miúdo: Ah, eu só saio de perto e tento esquecer. Fiquei louco outro dia e arranquei o telefone. Descobri que as amigas de minha esposa estavam usando meu telefone para ligações interurbanas, porque em minha última conta havia cerca de quarenta dólares a mais por causa de ligações interurbanas. Então o arranquei e deixei minha esposa bem brava, mas eu não ligo.

(A cada vez que Miúdo revela alguma coisa de si mesmo ficamos tentados a pensar: "Agora é, com certeza, o fim da história". Mas não é, e Miúdo ainda não completou sua agenda, então ele continua contando sobre o incidente das ligações telefônicas.)

AP: Eu posso entender como se sente, mas por outro lado um telefone é uma coisa bem importante de se ter, especialmente em casos de emergência, por exemplo.

(Pela primeira vez o pastor dá uma nota parental de conselho ou juízo. Foi difícil resistir, já que alguma coisa no pastor sem dúvida discordava do jeito com que Miúdo lidava com as dificuldades, com sua esposa e com o telefone. Apesar disso, isso faz com que Miúdo apenas fique defensivo, como vemos através de sua próxima resposta.)

Miúdo: É, eu sei, mas trabalho duro por meu dinheiro, fiquei no hospital e perdi muito tempo. Não, não vou machucá-la, mas posso fazer minha mala e ir embora para um lugar onde eles nunca me acharão.

(Esse é o menininho Miúdo falando, a criança que queria fugir de casa porque tudo ficou tão doloroso. É possível que a resposta anterior do pastor, que foi parcialmente uma reprimenda parental, tenha produzido essa reação regressiva em Miúdo? O pastor parece ter perdido terreno com essa resposta crítica. Novamente, teríamos feito melhor apenas escutando. Miúdo sabe o valor dos telefones, não era necessário que lhe dissessem isso. Mas ele não pode agir de forma diferente por causa de sua imensa fúria desenvolvida, de sua raiva. Quando ele conseguir colocar tudo isso para fora, então Miúdo pode achar formas mais apropriadas de lidar com seus problemas.)

AP: Você quer fugir de sua casa, de seus filhos?

(Outra pergunta direta, mas perspicaz porque tira Miúdo de sua atitude infantil e regressiva e o coloca de volta em seu eu maduro e adulto. Na próxima resposta de Miúdo, a última, podemos ver seus dois lados – o lado infantil e egocêntrico e o lado maduro – lutando um com o outro.)

Miúdo: Não, acho que não, e ainda não fugi. Talvez eu não fuja. Não sei.

O aluno-pastor explicou que a conversa terminou assim porque o médico entrou. Ele ofereceu os seguintes comentários e interpretação sobre o que aconteceu, e também nos contou a sequência interessante de sua conversa com Miúdo:

> Eu realmente não tinha uma solução para Miúdo e podia sentir sua frustração e a raiva que ele temia mostrar. Na realidade, sinto que a situação é bem explosiva, especialmente já que Miúdo e sua esposa não conseguem sentar-se e conversar sobre as coisas. Como na grande maioria dos casos, há espaço para melhoras em ambos os lados.
>
> Eu podia sentir que Miúdo queria sair do hospital, mas por outro lado ele tinha medo de que a situação em casa fosse tão ruim quanto havia sido. Sentia que ele estava sentindo-se em um beco sem saída e realmente não sabia o que fazer. Acredito que ele saiba que não pode fugir do problema, mesmo que isso tenha uma forte atração sobre ele, às vezes.
>
> Pelo menos eles foram ver um conselheiro matrimonial uma vez, e talvez se a situação justificar, eles tentem novamente. Parece-me que seriam necessárias várias sessões e que ambos teriam de estar legitimamente dispostos a tentar muito mais.
>
> Saí do hospital à uma e meia da tarde, no dia seguinte, e meus dois filhos vieram buscar-me. Quando saímos, às duas da tarde, Miúdo ainda estava esperando que sua esposa chegasse para buscá-lo. Ele estava vestido desde às nove da manhã, já que sua esposa havia prometido chegar cedo. E, logicamente, ele não podia telefonar para ela.

Apesar de alguns erros, o aluno-pastor fez um bom trabalho ajudando Miúdo, porque ele era, basicamente, um bom ouvinte. Miúdo precisava muito dessa conversa. Sua ânsia por saúde foi demonstrada por seu desejo de conversar com seu colega de quarto do hospital assim que descobriu que ele era ministro. Miúdo precisa conversar muito mais com alguém.

Até agora olhamos para essa conversa de um ângulo profissional, e eu analisei as respostas do aluno-pastor como um conselheiro profissional. Mas o processo de escuta, como assinalado antes, não é apenas o que os profissionais fazem, mas o que as pessoas fazem uma para a outra. O final pungente da história mostra isso, porque no fim a esposa de Miúdo não aparece. Não podemos deixar de conjeturar se ela está expressando sua raiva contra Miúdo por ele ter arrancado o telefone. Claramente, Miúdo e sua esposa precisam conversar e escutar um ao outro. Quando Miúdo arrancou o telefone e, presumivelmente, quando sua esposa não chegou para levá-lo para casa, ambos estavam expressando-se para o outro de forma indireta. Em um capítulo posterior, examinaremos esses meios de comunicação indiretos mais de perto. Geralmente, essas formas indiretas de fazer com que alguém nos ouça têm o risco de serem destrutivas, e são os últimos recursos tomados, porque as tentativas usuais de comunicação falharam. Quando as pessoas não nos escutam, encontramos outras maneiras de passar a mensagem.

IV. Nossas emoções gigantescas

Marie-Louise von Franz, uma analista junguiana de Zurique, em seu livro *The Shadow and Evil in Fairy Tales*, aponta algumas coisas interessantes sobre gigantes. Ela nota que os gigantes aparecem em mitos e contos de fada pelo mundo todo. Eles são muito antigos, e geralmente são vistos na mitologia como tendo sido criados pelos deuses antes da humanidade, como se os deuses primeiro tivessem modelado algum tipo de ser humanoide atrapalhado, sem muito sucesso e, depois, tendo sido beneficiados por essa experiência, criaram os seres humanos. Na verdade, em algumas mitologias, como a nórdica, os gigantes vieram antes do aparecimento dos deuses. Também vale a pena notar que na mitologia nórdica alguns gigantes eram gigantes de fogo e outros, gigantes de gelo; um ponto para o qual voltaremos.

Na mitologia grega, o papel dos gigantes foi feito pelos titãs, que existiam antes dos seres humanos e eram os rivais dos deuses do Olimpo. Os titãs tinham uma força gigantesca. Um deles foi amarrado pelos deuses embaixo do Monte Etna, e cada vez que ele rolava, isso criava uma erupção vulcânica. Mas ao menos um dos titãs – Prometeu – era criativo e benéfico para a humanidade, porque foi Prometeu quem, com grande risco contra si mesmo, roubou o fogo dos deuses e o deu para a humanidade.

Na maioria dos contos de fada os gigantes são destrutivos e perigosos. Felizmente, também são estúpidos, e assim os heróis dos contos de fada conseguem levar a melhor. Dessa forma, um gigante perigoso às vezes é transformado em um gigante criativo e útil. Foi assim que aconteceu, por exemplo, na história "O espírito na garrafa".

Nesse conto, um jovem está andando pela floresta e para a fim de descansar na base de uma grande árvore. Ali ele encontra uma garrafa tampada com uma rolha, de onde sai uma voz, clamando por liberdade. O jovem amavelmente abre a garrafa e imediatamente um gênio tremendo sai de sua prisão e ameaça devorá-lo. Mas o inteligente jovem salva-se, porque se mostra descrente no fato de que um gênio tão gigante pudesse ter entrado em uma garrafa tão miúda. O gênio, com seu orgulho ferido, prova que ele era capaz de tal feito, voltando para dentro da garrafa, e o jovem rapidamente coloca a rolha de volta ao lugar. Novamente o gênio clama por liberdade, mas o jovem recusa-se a deixá-lo sair, a menos que ele concorde em não o devorar, mas, ao contrário, ser seu servo. O gênio concorda, é libertado e mantém sua palavra. Por causa de seu poderoso servo, o jovem agora é capaz de ter muito sucesso no mundo.

Como apontado por von Franz, nossas emoções e afetos incontroláveis são como gigantes, porque também nos ameaçam devorar, sendo então perigosos e destrutivos. Podemos dizer que os gigantes personificam as emoções esmagadoras que podem fugir de nosso controle e subjugar o ego. Nossa linguagem comum sugere isso. Falamos de "emoção gigantesca", ou de alguém que está em uma "fúria imensa". Podemos dizer de uma pessoa raivosa que ela "explodiu como um vulcão", ou que alguém está sendo "engolido em raiva", ou que a fúria de uma pessoa "ferve". Podemos até personificar nossas tempestades gigantescas com nomes de pessoas, chamando nossos furacões de Edna ou Ivan, e, em tempos mais recentes e menos chauvinistas, de Emily ou Charley.

Assim como gigantes, essas emoções incontroláveis também têm uma qualidade meio estúpida. Sob sua influência, perdemos a perspectiva e não conseguimos ser alcançados pelo sentimento ou pela razão. Por exemplo, uma criança frustrada entra em uma fúria gigantesca e tem um ataque de cólera que a possui completamente. Ou alguém faz uma pequena crítica sobre nós que nos toca em um ponto sensível e se torna um problema muito exagerado. Uma criança desapontada, sob o ímpeto da gigantesca emoção infantil, faz com que um desapontamento comum da vida vire uma enorme tragédia. E adultos, sob o ímpeto de gigantes internos, transformam grãos de areia em montanhas, e piolhos em elefantes, e fazem com que dificuldades menores se tornem gigantes.

Então temos os gigantes de gelo e de fogo nórdicos, mencionados anteriormente. Eles são personificações de raiva quente e raiva fria. Por exemplo, dizemos que alguém faz coisas em uma "fúria ardente", mas também falamos de alguém que se tornou "gélido". Os gigantes de gelo são os piores. Se uma pessoa possuída de uma raiva quente mata alguém, talvez por causa de uma discussão pessoal ou de um caso de amor infeliz, ficamos assustados, mas podemos entender e, em um canto de nosso coração, podemos até ser condescendentes. Mas alguém que se tornou uma pessoa de sangue-frio e sem emoção mata outras pessoas estranhas a si, sentimos que estamos na presença de algo realmente mau e que nossas sensibilidades humanas ficam justificadamente chocadas. Esse é o gigante de gelo, uma raiva que foi tão profundamente reprimida que uma pessoa pode nem saber que está com raiva; apenas sabe que está sendo dirigida por uma necessidade fria de matar.

Emoções gigantescas são um impedimento à comunicação por muitas razões. Como gigantes, que são perigosos e destrutivos, nós também, sob a influência de uma emoção gigantesca, podemos ser perigosamente inconscientes. Para voltar a nossa analogia de um jogo de bola, quando controlados por uma afetividade poderosa, nosso primeiro lance provavelmente será jogar a bola o mais forte que pudermos em direção da cabeça da outra pessoa. Não queremos que ela pegue a bola e a devolva; queremos machucá-la. E se ela conseguir pegar a bola e devolvê-la para nós, em um lance justo, provavelmente continuaremos a jogar a bola o mais forte que pudermos. Perdemos o ponto do que a pessoa indicou com seu lance, porque nossa raiva gigantesca nos cegou. Ela nos mantém rígidos, e então não somos capazes de entrar em um diálogo criativo.

Além do mais, as emoções são contagiantes. Se começamos a comunicação sob o ímpeto de uma emoção poderosa, uma emoção similar será despertada na outra pessoa. A raiva cria a raiva, a afetividade traz a afetividade, um gigante cria outro. A troca resultante logo se torna banal, gerando mais calor que luz, e sendo mais destrutiva que construtiva.

Talvez o pior de tudo, quando estamos presos em uma emoção gigantesca, não ouvimos a outra pessoa. Nossa emocionalidade inflamada é como um muro imenso, e as bolas mais bem-jogadas pela outra pessoa acabam batendo e voltando. Só somos capazes de ouvir o que a pessoa está dizendo depois de as emoções serem dissipadas.

Apesar disso, como a mitologia e os contos de fada nos lembram, sob essas circunstâncias, os gigantes podem ser enormemente criativos. O próprio trabalho criativo pode ser descrito como um "esforço gigantesco", e sob o ímpeto de grandes emoções as pessoas frequentemente demonstram feitos heroicos e cumprem tarefas criativas. Mas nesses casos o gigante é colocado para trabalhar a serviço da personalidade e não está devorando-a. Como o espírito na garrafa, o ego não é mais esmagado; um novo centro de gravidade na personalidade mudou as coisas em volta e então as emoções gigantescas agora trabalham de forma harmônica para o conjunto.

Então, não podemos dizer que todas as emoções gigantescas devem ser reprimidas ou eliminadas. Às vezes essas majestosas emoções são necessárias para que haja comunicação. Elas devem ser expressas, ouvidas e entendidas. Se forem negadas, denegridas ou reprimidas, uma pessoa perde não apenas a emoção negativa, mas todas as emoções; não apenas os sentimentos de raiva, mas todos os sentimentos; não apenas a energia destrutiva, mas a energia positiva também. Então a delicada tarefa na comunicação é permitir que haja emoções, sem que sejamos esmagados e devorados por elas. Na linguagem dos contos de fada, devemos lidar com os gigantes e superar sua negatividade, tornando-nos conscientes. O ego, em resumo, deve exercitar sua inteligência e não ceder a emoções cegas; mas ao mesmo tempo devemos trabalhar com os gigantes e honrá-los, já que, em última análise, nada podemos fazer sem eles.

Já disse que devemos trabalhar com e honrar nossos gigantes emocionais; agora vamos examinar o que podemos fazer para que eles não bloqueiem a comunicação. Não há respostas fáceis e nem panaceias, mas podemos dar alguns passos que podem ser úteis.

O primeiro passo nessa situação emocional é reconhecer a emoção e "ficarmos frios". Se alguém vem até nós muito bravo ou chateado e estamos em uma posição de força e confiança, podemos responder à necessidade daquela pessoa de forma positiva e criativa.

Uma resposta poderia ser ajudar a outra pessoa, identificando e reconhecendo a emoção que ela está expressando. Vamos imaginar uma situação na qual ficamos inevitavelmente presos e então nos atrasamos para um compromisso: um almoço com uma amiga. Antes de termos a chance de explicar, ela nos cumprimenta com uma barreira de emoção, que sentimos algo injustificado, já que não tivemos a chance de dar nossa explicação. Reconhecendo essa situação, podemos dizer: "Você está brava, e isso não me surpreende". Isso permite que ela fique brava conosco. Não a reprimimos por estar brava, mas indicamos que entendemos isso. Nossa amiga pode continuar: "Sim, estou brava..." e começar a contar-nos como se sentiu enquanto esperava ali, sentindo-se impaciente e negligenciada. Isso desarma sua raiva e faz com que ela possa ouvir nossa explicação ou nossa desculpa, seja qual for o caso. Porque, depois de a raiva ter sido ouvida e reconhecida, as chances de uma discussão produtiva aumentam.

Isso é uma coisa difícil de se fazer. Quando somos confrontados por uma pessoa com raiva, não é fácil sermos capazes de e estarmos dispostos a aceitar aquela raiva sem retaliar na mesma moeda. Escutar a raiva de uma pessoa, responder de forma criativa e não esperar nada de volta é como dar um presente a ela, como notei anteriormente. É preciso muita maturidade para sermos capazes de fazê-lo; parecido com o que o Novo Testamento chama de "ágape". Será difícil conseguirmos ser assim o tempo todo – ou mesmo muito frequentemente –, mas quando conseguimos, isso ajuda não só a outra pessoa, mas a nós mesmos também. Afinal, tendo uma resposta madura em uma situação difícil, tornamo-nos mais maduros. Essa é uma daquelas situações em que você é o que você faz.

Isso não quer dizer que essa resposta seja sempre a resposta correta. Cada situação, cada diálogo, cada encontro entre duas pessoas é único. Pode haver situações nas quais a resposta correta é ficarmos bravos em resposta à raiva de outra pessoa. Às vezes nossa raiva é tudo o que a outra pessoa precisa ouvir de nós. O que quero dizer é que será útil se formos capazes de ter mais que uma resposta quando estivermos frente à emoção.

Entretanto, se somos nós que estamos chateados por causa de alguma coisa, não podemos necessariamente depender do fato de a outra pessoa ser capaz de receber nossa raiva de forma positiva e criativa. É provável que ela não seja, em termos psicológicos, suficientemente consciente para lidar com nossa raiva de forma criativa. Ou então pode ser que ela não esteja sentindo-se suficientemente forte naquele dia para aceitar a rajada de nossas emoções sem sucumbir a suas próprias. Às vezes, então, podemos contribuir com a situação primeiro trabalhando sozinhos nossas emoções, e só depois nos dirigirmos à outra pessoa. Assim, fica menos provável que a emoção gigantesca nos engula e que se forme uma barreira à comunicação.

Aceitar a raiva é importante tanto no relacionamento com crianças quanto no relacionamento com adultos. Se nosso filho está bravo, reconhecer esse fato com a simples frase: "Você está muito bravo agora" ajuda muito. As crianças, assim como os adultos, precisam que seus sentimentos sejam compreendidos.

Outra coisa útil para nós enquanto pais é quando conseguimos dizer a nossos filhos: "Você está me deixando muito bravo". As crianças podem aceitar o fato de que seus pais estão bravos com elas se elas souberem que os pais reconhecem isso. O que faz mal para a criança é a raiva não reconhecida, escondida.

Na maior parte dos casos, fica mais fácil não deixar a emoção gigantesca tornar-se uma barreira à comunicação de adultos ou de crianças se escrevermos em um diário nossas emoções e nossos sentimentos. Um diário é um caderno no qual mantemos um registro contínuo das coisas importantes que passam por nossa consciência todos os dias. Todos os tipos de coisas entram em nossos diários: ideias criativas que apareceram em nossa mente, nossos sonhos, nossas reflexões, e um registro de nossas respostas emocionais a situações da vida. Ira Progoff mostrou-nos o valor de mantermos um diário, e Morton T. Kelsey escreveu sobre isso em seu ótimo livro *Adventure Inward*. Eu também escrevo sobre o assunto em meu livro *Healing and Wholeness*.

Escrever em nosso diário sobre pessoas ou situações que nos despertaram raiva, ansiedade ou derrotismo ajuda-nos a estabilizar nossa situação psicológica e a reforçar nosso ego. Isso faz com que seja mais fácil "domar" nossas emoções sem reprimi-las, olhando para o gigante que nos ameaça engolir. Se fizermos isso antes de entrarmos em uma discussão que pode tornar-se altamente emocional, é bem provável que possamos expressar nossos sentimentos à outra pessoa sem sermos consumidos por eles. Escrevendo coisas em nosso diário, as emoções gigantescas diminuem um pouco, e o ego torna-se proporcionalmente maior e mais forte. Assim podemos fazer o lance de abertura da bola com mais cuidado e mais acuidade, de forma que ele seja menos ameaçador à outra pessoa.

Uma segunda forma de lidarmos com nossas emoções antes de a discussão aparecer é primeiro conversar de forma objetiva sobre a emoção com a outra pessoa. Essa outra pessoa pode ser um conselheiro, um padre, um ministro ou um amigo. A única qualificação é que ela seja uma boa ouvinte, seja objetiva e tenha autoconhecimento suficiente para que não se precipite em dar-nos um mau conselho, nem nos tente influenciar para certas ações que são ditadas, na verdade, por sua própria situação ou por seus problemas. (Digamos, por exemplo, que estejamos bravos com nossa esposa e conversemos sobre isso com um amigo que acabou de divorciar-se. Por causa de suas próprias circunstâncias, ele nos pode incitar ao divórcio.) Discutir nossas emoções primeiro com outra pessoa pode ter o mesmo efeito salutar de escrever sobre elas em um diário; claro, isso sem contar o fato de termos o benefício adicional da presença e do apoio pessoal de nosso amigo ou conselheiro.

Quando é provável que a emoção esteja exacerbada tanto de um lado quanto de outro, existe uma outra forma de iniciar a discussão que às vezes pode ajudar: escrevendo uma carta ou um bilhete. Geralmente pensamos em escrever uma carta para alguém só quando esse alguém está muito longe de nós e precisamos usar o correio em vez de falar com ele pessoalmente. Mas há ocasiões em que vamos querer escrever um bilhete para alguém que vive na mesma casa conosco. Se escrevermos sobre nossas preocupações pessoais em uma carta, poderemos expressar de forma mais clara e objetiva do que seria possível se falássemos, diretamente, com a pessoa que irá receber a carta. Podemos escolher começar o diálogo com um bilhete, caso tenhamos medo de que nossas emoções gigantescas se alcem e nos dominem de forma negativa quando começarmos a falar sobre o difícil assunto.

Podemos também escolher escrever um bilhete quando pensamos que a outra pessoa pode tornar-se muito emocional ou ficar muito chateada com o assunto que vamos abordar. Nesse caso, começar com um bilhete dá-nos uma chance de exprimir com palavras o que queremos dizer de forma cuidadosa, e dá à outra pessoa uma oportunidade de reagir de forma privada à mensagem, digerir seu conteúdo e talvez ter por si mesma uma resposta criativa. Quando escrevemos o bilhete, devemos estar disponíveis para uma resposta pessoal e uma discussão posteriores.

Não há regras sobre quando é melhor iniciar a discussão dessa forma; entretanto, é bom saber que há mais que um jeito de se começar um diálogo.

Há um cuidado que deve ser tomado quanto a escrever esse bilhete: devemos ser cuidadosos para que ele seja expresso de forma que não nos importemos sobre quem o veja. A outra pessoa sempre pode escolher usar nosso bilhete contra nós. Isso é especialmente o caso se essa pessoa não for confiável. Eu me lembro de quando fiz uma visita a uma de minhas paróquias. A mulher que estava visitando mostrou-me uma carta do reitor anterior da igreja, endereçada para ela, na qual ele levantava alguns assuntos e usava uma linguagem leviana. Fiquei chocado quando olhei para a data da carta e vi que havia sido escrita muitos anos antes. Não consegui deixar de imaginar quantas pessoas já haviam visto a tal carta.

Claro que essas sugestões não funcionarão se as duas pessoas envolvidas não tiverem, ambas, certa medida de honestidade psicológica, um senso de *fair-play* e um desejo de resolver as coisas. Se as pessoas não quiserem comunicar-se, ou se tiverem medo das consequências da comunicação muito profunda, elas irão encontrar maneiras de evitar essa comunicação, não importa quantos milhares de recursos tenhamos na hora da abordagem. Queremos dar para a pessoa todas as oportunidades para conversar conosco, mas se tivermos jogado todas as cinquenta e duas cartas, como uma mulher uma vez me disse, sem resultados, então vamos ter de encarar o fato de que essa pessoa em particular não se comunicará conosco.

V. A luta entre *anima* e *animus*

Há uma instância especial de emoção que destrói a comunicação que é tão importante que deve ser mencionada com alguns detalhes, mesmo que já a tenha descrito em meu livro *The Invisible Partners*. É a luta que pode ocorrer entre o *animus* e a *anima*. O *animus* designa as qualidades masculinas de uma mulher e a *anima* designa as qualidades femininas de um homem. Assim, o tipo de dificuldade na comunicação que estou discutindo é aquela que se desenvolve entre homens e mulheres e que envolve suas contrapartes internas e inconscientes.

As qualidades masculinas de uma mulher podem ser uma parte muito positiva de sua personalidade, assim como as qualidades femininas de um homem. Um age como "espírito" e o outro como "alma", animando a vida e abrindo novos horizontes. Eu apresentei e discuti essas qualidades no livro acima mencionado, mas as qualidades negativas são o que nos interessa aqui.

O *animus*, em sua manifestação negativa, é obtuso, tem opiniões inflexíveis, juízos cáusticos e moralistas, é brutal e tem certa quantidade de agressividade desagradável. Se uma mulher é levada negativamente por esse lado de sua natureza, referimo-nos a ela como "possuída pelo *animus*", e ela irá demonstrar as qualidades acima mencionadas em seus relacionamentos com outras pessoas. É como se seu lado masculino, que propriamente pertence a seu interior, de onde ele empresta força a seu caráter, tivesse saído dela, indo residir entre ela e outras pessoas. Este é o lugar errado para o *animus* e o resultado disso são danos.

Desse mesmo modo a *anima*, em suas manifestações negativas, demonstra qualidades indesejáveis. Ela se revela em forma de rabugice, de amuo, de mesquinhez, e em sua capacidade de envenenar o homem e todos a seu redor criando um mau efeito. Negativamente, ela age sob todos os aspectos como uma mulher inferior, rabugenta, extremamente sensível. Se ela se apossa de um homem, nós nos referimos a ele como "possuído pela *anima*". Esse homem entra em humores obscuros que o fazem ficar inacessível aos outros. Ele perde sua objetividade, e todos os problemas de relacionamentos, à luz da emoção, ficam enormes. Pequenos machucados, quando magnificados pela *anima*, tornam-se assuntos pessoais tão imensos que ela se sente compelida a ir à desforra. As armas da *anima* são o humor, a emocionalidade e os comentários venenosos que ela inflige sobre aqueles que estimularam sua ira. Se o homem apenas conseguir colocar esse lado feminino de si mesmo no lugar apropriado, que é dentro de si mesmo, e dar-lhe a devida atenção, tudo corre bem. Mas se a *anima* se coloca entre um homem e outras pessoas, haverá confusão! Porque aí ela exagera todas as dificuldades, falsifica situações, intensifica machucados e faz com que os relacionamentos com o sexo oposto virem ou casos de amor dramáticos que logo se espatifam no chão, ou então uma dramática caça às bruxas.

Para piorar as coisas, a *anima* em um homem tem um jeito de evocar o *animus* em uma mulher, e vice-versa. Em outras palavras, os dois não se gostam, e um desperta o pior no outro.

Como disse uma vez C. G. Jung, nenhum homem pode conversar com o *animus* de uma mulher por mais de cinco minutos sem se tornar vítima de sua própria *anima*. Os comentários dogmáticos do *animus*, e as palavras brutais e insensíveis que ele coloca na boca de uma mulher, logo enfurecem a *anima* do homem. Ele se torna tão possuído quanto ela e daí se desenvolve uma batalha real. Nessa batalha dramática, mas sem sentido, a *anima* lança mão de suas próprias armas de veneno e emocionalidade, e o *animus* desembainha a espada do poder e da crítica. Mas se um homem não pode escutar o *animus* sem se tornar uma vítima de sua *anima*, da mesma forma uma mulher não pode suportar a *anima* de um homem. Porque, assim que um homem é engolido por sua *anima*, ele não mais está no relacionamento, e isto é insuportável.

A batalha da *anima* e do *animus* pode ser traumática e pode ser real, mas não é iluminadora. O encontro é caracterizado por emoções intensas, que se tornam afetividade à medida que cada pessoa se deixa possuir por uma fúria escura e arquetípica. Na realidade, o homem e a mulher mal estão ali agora; ao contrário, suas contrapartes internas, a *anima* e o *animus*, estão tendo um encontro furioso. Isso representa uma derrota para o ego de ambos, do homem e da mulher, e com a baixa do limiar de consciência e de discriminação resultantes ambos podem dizer coisas terríveis das quais mais tarde se arrependerão, ou até causar um dano físico um ao outro.

Em resumo, a batalha *anima* x *animus* é destrutiva, e não há comunicação que saia daí. O que poderia ter sido um alegre e útil jogo de bola agora se torna uma partida de gritos, e o par original, o homem e a mulher, agora está escondido, enquanto um segundo par, escuro e cheio de afetividade cega, tomou conta do palco.

O que entristece é o fato de que o encontro escuro poderia ter sido evitado se o homem, ou a mulher, tivesse expressado o sentimento apropriado, antes de tudo. Os parceiros internos, a *anima* e o *animus*, geralmente assumem o comando quando há um sentimento machucado que não foi expressado de forma aberta e direta no relacionamento. Por exemplo, um homem tem seus sentimentos machucados, mas por uma razão qualquer ele não diz nada sobre isso. O sentimento machucado não vai embora. Ele simplesmente cai para dentro do inconsciente, e lá, no porão da mente, está a *anima*, que domina aquele machucado, que o inflama, o aumenta, e planeja vingança. Se o homem tivesse tido a coragem ou a iniciativa de abordar o assunto perturbador diretamente, antes de qualquer outra coisa, a *anima* nunca teria conseguido se apossar desse sentimento. Então a comunicação poderia ter acontecido e algo poderia ter sido trabalhado.

Da mesma forma acontece com uma mulher. Seu *animus* assume o controle sobre ela quando ela tem um sentimento machucado que não se permite expressar. Ela tenta enterrá-lo, desdenhá-lo, ou fazer com que vá embora, mas seu homem interno apenas se apossa dele e cria um caso a partir daí. Ele irá se vingar!

Às vezes, a batalha *anima* x *animus* começa porque uma sucessão de machucados foi reprimida. Por exemplo, um homem habitua-se a não lidar com seus sentimentos e, se ele é desrespeitado ou machucado, simplesmente joga o pequeno demônio para dentro de um alçapão, lá no porão. Mas um dia, ele vai jogar outro machucado para dentro do porão e, dessa vez, antes de conseguir fechar o alçapão, todos os sentimentos reprimidos e machucados que ele colocou lá saem como um estouro. A *anima*, transformada em bruxa pela repressão do homem contra ela, nutriu cada sentimento machucado de forma cuidadosa e agora eles se tornaram demônios já adultos, morrendo de vontade de dar livre curso à destruição e de conseguir a vingança. A *anima* agora possui o homem e solta todos os seus demônios.

Então, a regra é: se queremos comunicar-nos, devemos trabalhar nossos próprios sentimentos. Não podemos apenas varrê-los para dentro do inconsciente. Devemos aprender a abordá-los, uns com os outros. Se isso não for possível, devemos trabalhá-los de forma consciente escrevendo em nosso diário, ou então conversando sobre eles com um amigo ou conselheiro. Ou então podemos fazer as três coisas.

O Segundo Livro de Samuel[1] tem uma história instrutiva sobre uma luta de *anima* x *animus*. Quando os filisteus conquistaram os israelitas, eles levaram embora a Sagrada Arca do Senhor. Quando Davi se tornou rei, ele derrotou os filisteus e mandou homens para trazer a Arca de volta para a cidade de Davi. Quando os que carregavam a Arca de Javé estão entrando na cidade, Davi sai para encontrá-los nu, exceto por uma roupa de linho, e enquanto a Arca desfila por entre a excitada população, Davi dança, uma dança cheia de êxtase e de rodopios, enquanto todo mundo grita e os músicos tocam suas trombetas.

Enquanto isso Micol, uma das esposas de Davi e filha de Saul, está assistindo a tudo isso pela janela do palácio. Contam-nos que, quando ela vê Davi nu, pulando e dançando na rua, ela "em seu coração o despreza". Em outras palavras, ela não achava que esse comportamento fosse apropriado para um rei.

As cerimônias religiosas chegam ao fim e Davi volta para a privacidade de seu lar. Lá, Micol o saúda, dizendo de forma sarcástica: "Como o rei de Israel se fez louvar hoje, descobrindo-se na presença das servas dos seus servos como se descobriria um homem de nada!" (2Sm 6,20).

Davi retruca, como resposta a esse golpe, primeiro com um comentário defensivo e depois com caráter vingativo: "É diante de Javé que eu danço! Pela vida de Javé, que me preferiu a teu pai e a toda a sua casa para me instituir chefe de Israel, o povo de Javé, eu dançarei diante de Javé e ainda mais me humilharei. Aos teus olhos serei desprezível, mas aos olhos das servas de quem tu falas, perante elas serei honrado" (2Sm 6,21-22).

[1]As citações para esta história são da Bíblia de Jerusalém.

A história tem este triste final: "E Micol, filha de Saul, não teve filhos até o dia da sua morte" (2Sm 6,23). Em outras palavras, Davi recusou-se a dormir com ela. Eu digo que isso é triste porque Micol merecia um destino melhor. Afinal, foi ela quem havia salvado a vida de Davi da fúria ciumenta de seu pai muitos anos antes, com grande risco contra si mesma. Mas um homem com um humor de *anima* tem memória curta a respeito de bênçãos passadas.

Conjeturemos sobre como esse encontro infeliz aconteceu, estudando a história com a ajuda do que sabemos sobre a *anima* e o *animus*.

A dificuldade começa quando Micol desaprova a nudez de Davi e a dança pública. O *animus* é cheio de opiniões sobre como as coisas *deveriam* ser, e está sempre pronto para avançar com essas opiniões sem se importar com os sentimentos da outra pessoa. Digamos que um homem esteja apaixonado por sua nova camisa vermelha e brilhante e a veste, junto com uma gravata laranja, para ir a uma festa. Então, vem o *animus* de sua esposa que diz com desdém: "Você não vai vestir *essa* combinação, vai?". O homem é perfurado, ferido, e sente-se como um garoto machucado. Mas ele não diz nada, tira a camisa e a gravata e veste uma camisa branca e uma gravata marrom, e então eles saem para a festa. Mais tarde, sua esposa pergunta-se por que ele está tão frio com ela durante a noite e por que conversa com todos, menos com ela. Ela se esqueceu do breve ataque de *anima* sobre ele e está pronta para passar horas agradáveis; está machucada porque ele a ignora. Não lhe ocorre que a *anima* dele esteja punindo o *animus* dela pelo ataque que o feriu.

Davi voltou para casa de bom humor. Ele derrotou os filisteus e estava curtindo a vitória. Foi emocionante dançar em frente à Arca e ter todas as donzelas de Israel admirando seu corpo masculino enquanto desfilava pelas ruas da cidade. Micol não apenas desaprovou, como também ficou ferida porque ele queria ficar atraente para outras mulheres e não reservar toda aquela linda demonstração masculina para ela. Mas ela começa com o *animus*, em vez de começar com seus sentimentos. Ela poderia ter dito: "Foi um glorioso triunfo, Davi, mas eu me senti ignorada e deixada de lado quando você dançou frente a todas aquelas outras mulheres". Porém, ela não fez isso, e o que saiu dela foi o golpe de espada de seu *animus*.

Se Davi estivesse em um estado mental mais calmo, ele teria se mantido frio e chegado ao fundo do problema. Ele poderia ter dito: "Micol, o que está incomodando você na realidade?", ou mesmo "Você me machuca dizendo isso". Mas ele já estava no humor de *anima* quando entrou no palácio, só que o humor que ele saboreava era um humor inflado. O *animus* de Micol foi um balde de água fria, e Davi não gostou. Ele imediatamente caiu para dentro de sua *anima*. Note que, em sua resposta a Micol, ele se refere de forma depreciativa a seu pai, Saul, e a toda a sua casa, e joga na sua cara que Javé o escolheu em detrimento da casa de seu pai. Isso não é justo, já que, como notado anteriormente, foi a própria Micol que escolheu Davi em vez de Saul muitos anos antes, ao ajudá-lo a escapar dos soldados de seu pai. Mas a *anima*, quando busca vingança contra uma injúria, não está interessada em justiça e não pensa em nada além de ataques pessoais que não têm nada a ver com o assunto.

Quando Davi diz: "Eu *dançarei* diante de Javé e ainda mais me humilharei", parece um menininho desafiando a mãe. Ele tem tanto medo de ser dominado por sua esposa, que a seus olhos ela de repente se tornou sua mãe, que reage o máximo que pode em outra direção. Se ela diz para não dançar, ele vai dançar duas vezes mais!

Nesse caso Davi, sendo o rei, tem mais armas que Micol. Ele

pode rejeitá-la e deixá-la sem filhos; e tão vingativa é a *anima*, e tão perseverante é sua afetividade venenosa, podendo nutrir um ressentimento por anos, que a punição de Davi a Micol é permanente.

A história de Davi e Micol tem um fim triste, e muitos encontros entre homens e mulheres hoje têm também um fim triste, e desnecessariamente. Porque, quando a *anima* e o *animus* tomam conta da forma que eu descrevi, a comunicação acaba e uma dificuldade, que poderia ter sido trabalhada pela criatividade, se o homem e a mulher tivessem se comunicado um com o outro sem interferência de seus parceiros internos, agora se torna um obstáculo gigantesco. A parte triste é que isso não precisa acontecer assim.

VI. O problema de Proteu

Entre os seres fabulosos da mitologia grega está Proteu, o "Velho do Mar", cuja tarefa era cuidar das focas que pertenciam a Poseidon. Todo dia, ao meio-dia, Proteu emergia das profundezas aquáticas para descansar sobre as rochas, enquanto as focas se reuniam em torno dele. Era o momento em que uma pessoa empreendedora poderia aprender de Proteu, já que ele tinha o dom de ver o futuro e falava apenas a verdade. Havia um problema, porém: Proteu mudava de forma. Ele podia assumir qualquer forma que desejasse: leão, dragão, água, fogo, árvore... E quando alguém lhe fazia uma pergunta, em vez de responder, Proteu mudava de forma. Isso era suficiente para assustar e desencorajar a maior parte das pessoas, mas se alguém persistisse, e especialmente se se apegasse a Proteu de forma resoluta, não importando qual forma ele tomasse, ele seria forçado a assumir sua forma humana e a responder-lhe a pergunta.

As pessoas também podem mudar de forma. Quando as abordamos para uma resposta direta, em vez de nos responder, como Proteu, elas podem serpentear e assumir formas diferentes em um piscar de olhos. Quando as pessoas dizem algo, mas você não tem muita certeza do que estão falando; quando elas são confrontadas com certo assunto, mas conseguem mudar a conversa para outro diferente; quando nos deixam confusos em meio a uma nuvem de indiretas, então elas estão brincando de Proteu. É o suficiente para confundir e intimidar os mais corajosos de nós, a menos que percebamos o que está acontecendo, aparafusemos nossa coragem até o ato máximo (como diria Shakespeare) e fiquemos firmes.

As pessoas tendem a virar Proteu frente a nós sob duas condições: primeiro, quando tentamos comunicar-nos com elas sobre um assunto que lhes é desconcertante ou doloroso; segundo, quando elas querem contar-nos algo e não querem assumir a responsabilidade sobre isso.

Para Proteu, não foi fácil parar de mudar de forma e assumir sua própria forma, assim como não é fácil que as pessoas parem de brincar de Proteu conosco. Há três formas comuns de se brincar de Proteu. Saber disso nos ajudará a ver como é frustrante quando queremos comunicar-nos e a outra pessoa brinca de Proteu; também nos dá algumas ideias do que podemos fazer a partir disso.

O primeiro exemplo chama-se "Mudando de terreno". Digamos que Mary queira abordar certo assunto com John. Vamos chamar esse assunto de "A". Entretanto, John acha que esse é um assunto doloroso a ser discutido, porque remete a um erro que ele cometeu, alguma falha no relacionamento com Mary. Ou talvez John simplesmente não goste de nenhum tipo de discussão carregada de emoção. Então, quando Mary aborda o assunto "A", John logo traz à tona o assunto "B". Em vez de lidar com o que Mary quer discutir, ele muda a discussão para outro assunto.

"John", começa Mary: "Preciso falar com você sobre uma coisa. Pensei que já estivéssemos escolhido o papel de parede azul para o quarto, aquele de que eu gostei muito. Mas então você, sem me dizer nada, comprou o papel de parede amarelo. Isso faz com que eu sinta que minhas ideias sobre as coisas não importam para você".

John, sentindo-se desconfortável com isso, responde: "Bom, e quanto à semana passada, quando eu lhe pedi para ir à biblioteca pegar aqueles livros para mim, e você se esqueceu? Como você acha que eu me senti?".

Mary de repente se sente chateada. Primeiro, ela fica vagamente frustrada e ressentida porque o assunto abordado por ela não está sendo discutido. Depois, sente-se atacada por John, que trouxe à tona o assunto da biblioteca. Provavelmente, ela ficará mais consciente do segundo sentimento que do primeiro. Ela irá entender, pela defensiva de John em relação a seu comentário de abertura, que ele está assumindo a ofensiva, e então se sentirá ameaçada e atacada.

Ela pode agora fazer duas coisas. Primeiro, especialmente se sua autoimagem não for tão boa, ela pode defender-se quanto ao assunto da biblioteca. Claro que John irá gostar disso. Ele pode então continuar a discutir *aquele* assunto em vez do assunto do papel de parede, e aí será Mary quem irá sentir-se desconfortável. Quando eles tiverem terminado de discutir o incidente da biblioteca, já não mais haverá energia de sobra para o assunto que Mary queria discutir. John pode ir, feliz, cuidar do jardim. Sua segurança e seu egocentrismo foram momentaneamente ameaçados por Mary, mas o sábio Proteu conseguiu se safar. Entretanto, Mary ficará frustrada, desligada de seu marido e talvez deprimida. Quando John sair e fechar a porta, ela provavelmente vai ouvir um pensamento negativo dentro de si mesma dizendo: "Viu, é tudo sua culpa", ou "Tá, não importa. Não é tão importante".

Se a autoimagem de Mary for forte, ela pode reagir de forma diferente a John quando ele trouxer à tona o outro assunto. Em vez de se defender, ela pode retrucar raivosamente com outra acusação. Em resposta a "B", agora ela traz "C", dizendo: "Bom, eu não sou a única que esquece as coisas. E aquele dia em que eu deixei o carro no estacionamento e você iria me buscar, mas ficou tão ocupado no trabalho que esqueceu? Eu fiquei lá, plantada, esperando por uma hora!".

John preferia que Mary tivesse se defendido da acusação da

biblioteca. Mas ele não fica muito chateado, porque tem uma resposta melhor para esse assunto que para o do papel de parede: "Eu lhe disse cem vezes", diz com exagero característico: "que quando eu chego no escritório as coisas começam a acontecer e eu não posso sempre manter meus compromissos. Eu até disse para você, aquele dia, quando você foi até o estacionamento, que se o chefe me chamasse eu tinha de conversar com ele antes de ir buscá-la".

Como você pode imaginar, a partir daqui a comunicação deteriora rapidamente. Qualquer comunicação aparente cessou. O jogo de bola tornou-se um concurso de tiro. E quem perde é Mary, já que o assunto que ela queria discutir não foi conversado. John ganhou esse confronto e até pode sair para o jardim, sentindo-se bem consigo mesmo. Podemos orgulhar-nos quando alguém toca nossa Sombra (a parte fraca ou escura de nossa personalidade) e somos inteligentes, conseguindo escapar.

O que Mary poderia ter feito? Talvez ela pudesse ter-se lembrado de Proteu e não ter deixado John escapar. Para fazer isso, ela teria de: 1) manter claramente em mente o que queria discutir; 2) recusar-se a entrar em qualquer outro assunto até que o assunto que ela queria discutir estivesse resolvido; 3) ver o que John estava tentando fazer para escapar.

Quando John trouxe à tona seu comentário-réplica sobre a biblioteca, ela poderia ter respondido: "Se você quiser conversar sobre isso, podemos discutir depois. Primeiro eu quero falar sobre o papel de parede". Sem dúvida John tentará escapar de novo, e talvez de novo, mas se Mary se apegar de forma resoluta, ele poderá ser forçado finalmente a lidar com o assunto. Claro que ele pode recusar-se a lidar com o assunto. Talvez saia de casa com raiva. Se a autoimagem de Mary for baixa, ela pode ouvir a voz negativa dizendo: "Viu, você não o abordou da forma certa". Nada disso! Ela deve deixar essa voz de lado de forma tão resoluta quanto quando ela colocou de lado as manobras de Proteu feitas por John. Ela abordou o assunto corretamente. John está bravo porque suas manobras egocêntricas para fugir de uma discussão dolorosa não funcionaram. Ele está chateado por não ter vencido. Quanto a Mary, ela ainda estará chateada com John, como deveria estar por causa de seu comportamento evasivo, mas não consigo mesma. Porque ela sabia qual era seu terreno e conseguiu apegar-se a ele.

Nessa ilustração hipotética de como se joga "Mudando de terreno", foi Mary quem trouxe à tona o assunto difícil e John foi quem brincou de Proteu. Mas as mulheres podem brincar de Proteu também. Uma vez estava aconselhando um advogado que tinha grande dificuldade em discutir as coisas com sua esposa, porque ela mudava de formas e mudava o assunto de maneira inteligente toda vez que ele tentava trazer à tona um assunto difícil. Um dia eu lhe disse: "Tom (não é seu nome verdadeiro), você é um advogado. Suponhamos que você tenha uma testemunha na bancada da corte e lhe diga: 'E onde você estava na noite de 4 de julho?'. E suponhamos que sua testemunha respondesse: 'Bom, eu não quero falar sobre 4 de julho, mas em 1º de novembro eu estava em Las Vegas'. O que você diria?". E Tom respondeu: "Claro que eu diria: 'Responda a pergunta'". "Certo", eu respondi, "se você não deixaria uma testemunha se safar, por que deixa sua esposa se safar?".

Quando Tom voltou, na semana seguinte, ele me contou que, quando abordou sua esposa novamente para uma conversa, levou um bloco de papel e um lápis consigo. Depois de tocar no assunto de abertura com ela, e ela começar a replicar, ele começou a escrever coisas, bem ocupado. Enfim ela interrompeu a conversa e disse: "O que você está fazendo?". Tom respondeu: "Escrevendo todas as coisas que precisamos conversar *depois* de nós conversarmos sobre o problema que eu abordei". Felizmente, a esposa de Tom tinha um bom senso de humor. Ela viu o ridículo da situação e riu. Ambos deram uma boa risada, na verdade, e a discussão continuou até uma conclusão positiva e amigável. Nem todas as trocas assim terminam tão bem, mas também não terminam mal.

Um segundo jogo de Proteu chama-se "A ave nos arbustos". Digamos que você esteja passeando na floresta quando ouve um farfalhar nos arbustos. Parece um pequeno animal ou um pássaro. Então, você ouve um piado e um som parecido com um bater de asas. "Bom", conclui: "se pia como uma ave, e faz um som de alvoroço como uma ave, então provavelmente *é* uma ave". Provavelmente você está certo, mas claro que pode estar errado. Se quer ter certeza absoluta, terá de chacoalhar os arbustos e de ver por si mesmo.

Às vezes as pessoas nos dizem algo que parece uma ave nos arbustos. Elas escondem de forma inteligente o que realmente querem dizer, mas nos deixam com uma clara impressão de que estão tentando contar-nos algo desagradável sobre nós mesmos, criticar-nos de alguma forma ou depreciar-nos de maneira sutil. Essas pessoas escondem o que realmente querem dizer de maneira cuidadosa, mas conseguem exprimir seus comentários de forma tão indireta que um efeito desagradável paira sobre nós. É uma forma que as pessoas têm de afetar as outras sem ter de responsabilizar-se por isso. Elas se escondem nos arbustos para falar, e os balançam sobre nós enquanto passamos, e então ficamos perguntando-nos o que foi que aconteceu. É provável que, quando já tivermos trabalhado nossas impressões e chegado a algum tipo de consciência, elas já tenham ido embora há muito tempo. Somos deixados com um sentimento desconfortável ou ferido, mas elas já foram embora, impunes.

Entretanto, não precisamos ser as vítimas indefesas desse tipo de manipulação. Podemos pegar as insinuações que sentimos e perguntar diretamente se é isso que a outra pessoa quis dizer. Podemos dizer: "Você está tentando dizer-me tal e tal coisas?". Essa abordagem ousada e direta certamente pega a outra pessoa de surpresa. Afinal, ela brincou disso muitas vezes e sempre funcionou antes. Agora, de repente, ela está sendo chamada a prestar contas do que disse. Ela está sendo chamada a desmentir algo, ou a reconhecê-lo. Sob essas circunstâncias, a pessoa pode dizer: "Sim, foi isso o que eu quis dizer. Eu realmente quis dizer tal e tal coisas". Agora o jogo está aberto. É desagradável, mas pode lidar-se com ele; a comunicação é possível.

Provavelmente, entretanto, essa não será a resposta. Não é fácil para nós assumirmos os comentários cheios de sombras que fizemos. Se esse for o caso, a pessoa que está brincando de ave nos arbustos pode negar: "É claro que não foi isso o que eu quis dizer. Eu nunca diria isso!". Claro, podemos deixar tudo assim. Podemos suspeitar que esse realmente não seja o caso, mas não precisamos pressionar o assunto. Podemos agora responder: "Estou bem feliz de ouvir isso. Por um momento, achei que você estivesse pensando tal e tal coisas sobre mim". Claro que o assunto não está resolvido, mas nós nos sentimos melhor e a outra pessoa pode sentir-se um pouco desconfortável agora.

Um exemplo. Sarah, como a chamaremos, vai visitar sua mãe, a sra. Brown. As coisas agora estão indo bem para Sarah. Depois de um casamento inicial infeliz, que acabou em divórcio, a jovem recentemente conseguiu um casamento feliz. Seu novo marido é mais velho que ela, mas não muito mais; ele a ama, é bem-sucedido financeiramente e é um bom partido, de todas as formas. Ela está muito feliz com seu novo marido, e pela primeira vez sente que ama um homem. Ela gosta desse novo sentimento, e até está contente em parar de trabalhar, porque o trabalho de qualquer forma já se tornou entediante para ela, e, pelo menos por ora, dedica-se a arrumar a casa e a tornar a vida de seu marido mais confortável.

Ele gosta assim. Ele ganha muito dinheiro e não precisa da renda extra dela. Ele precisa é de sua presença e calor femininos. É um bom casal, e todos estão felizes.

Quer dizer, todos menos a sra. Brown. Sua vida amorosa acabou mal – um divórcio depois de tantos anos de um casamento infeliz. Agora ela está bem na meia-idade e é difícil encontrar homens atraentes e disponíveis. Claro que o marido de sua filha teria sido bem da idade certa para ela, mas ele se casou com a filha, e não com ela. Além do mais, agora que seu casamento acabou, ela tem de trabalhar. Seu trabalho não é de todo desagradável, mas o fato é que ela *tem* de trabalhar. E ainda tem sua filha, que não precisa trabalhar e pode fazer o que quiser.

Claro que a mãe não diz nada para a filha diretamente. Primeiro, elas moram a muitos quilômetros de distância. Segundo, a mãe nunca diz nada diretamente. Mas agora sua filha a está visitando. As duas naturalmente começam a conversar sobre o que estão fazendo na vida, e logo a mãe diz: "Claro, sua vida é *diferente* da minha" (ênfase no "diferente").

A filha imediatamente tem uma sensação engraçada. É um pouco como se de repente uma flecha a atingisse no estômago. De repente, inexplicavelmente, ela se sente culpada e também deprimida. Na verdade, apesar de ela nem ter pensado nisso ainda, ela se sente um pouco como se sentia quando pequena, quando sua mãe lhe dizia algo que a fazia sentir-se mal consigo mesma. Por razões que não lhe são claras, o que começou como uma conversa comum com sua mãe tornou-se uma coisa escura, e seu sentimento de antecipação positivo sobre a visita virou depressão. Já que ela não sabe o que dizer em seguida, a filha quase interrompe completamente a conversa. Mas ela se lembra: isso já lhe aconteceu antes, com sua mãe, muitas vezes.

Sarah permite-se um momento de reflexão. O que sua mãe lhe

falou? Foi um comentário simples sobre duas vidas sendo diferentes? Não, foi uma alusão sutil, mas inconfundível na forma com que sua mãe disse aquilo. A alusão foi: "Você, é claro, tem uma vida muito mais fácil que a minha. Eu tenho uma sorte miserável na vida, enquanto você tem tudo que queria. E você deveria sentir-se culpada com isso".

Pronto, eis a ave nos arbustos! Lógico, sua mãe não lhe disse aquilo assim, com tantas palavras. Mas *pareceu* que aquilo era o que ela queria realmente dizer. "Se pia como uma ave, e faz alvoroço como uma ave, então provavelmente é uma ave." Parecia, sob todos os aspectos, que sua mãe estava indiretamente tentando expressar seu próprio desapontamento com o qual não conseguia lidar, tentando colocar um pouco de amargura para fora e para cima de sua filha, e tentando fazer com que sua própria infelicidade se tornasse um pouco mais sustentável, destruindo a felicidade de Sarah.

Sarah decidiu que, para seu próprio bem-estar e para o bem-estar do relacionamento, teria de entrar nos arbustos e ver se existia mesmo uma ave ali. Então, em vez de deixar o assunto acabar, ela respondeu para sua mãe: "Quando você diz que a minha vida é diferente da sua, você está tentando dizer que eu tenho uma vida fácil enquanto você tem uma vida difícil, e que há algo errado com isso?".

Claro que é exatamente isso que sua mãe quis dizer, mas ela não consegue assumir. Soaria muito escuro e medonho admitir que seu comentário aparentemente simples continha tal golpe sombrio e maldoso. Talvez mais tarde ela admita para si mesma, mas agora não pode enfrentar e certamente não pode reconhecê-lo para sua filha. Então ela responde: "Não, eu não quis dizer nada disso. Claro que estou feliz que as coisas estejam indo tão bem pra você".

Sarah não se convence. Sem dúvida, aquela ave voou pra longe, mas ela conseguiu dar uma olhada. Sim, sua mãe é bem capaz desse tipo de manipulação. Como não pode encarar seus próprios desapontamentos e pensamentos escuros, ela os coloca para outras pessoas dessa forma. Mas esse não é o "todo" de sua mãe. Seu lado amoroso e preocupado também existe. Então Sarah decide não forçar mais o assunto, mas também decide não ser a criancinha infeliz e culpada. Ela agora também é adulta, igual a sua mãe. Então responde: "Bom, estou feliz em ouvir isso. Por um momento achei que você estava tentando me dizer que havia algo de ruim no fato de meu marido e eu estarmos tão felizes juntos".

O assunto morreu. As duas continuam discutindo assuntos em terrenos mais seguros, e agora a visita corre bem. Isso porque a filha se sente bem, muito bem consigo mesma. E sua mãe decidiu ser mais gentil também. Elas passam vários dias juntas, sem nenhuma outra ave aparecer nos arbustos. Sua mãe não se sentiu à vontade quando fizeram a ave voar daquela forma. Ela não vai mais ter chances, e resolve não fazer aquilo de novo. Ela foi tomada por seu lado maldoso e inferior, mas não é uma pessoa cheia de ódio; ela realmente ama sua filha e lhe deseja bem.

No total, os homens são mais propensos que as mulheres a mudar de terreno, e as mulheres são mais propensas que os homens a brincar do sutil jogo da ave nos arbustos. Mas tanto os homens como as mulheres jogam o terceiro jogo de Proteu: "Você não deveria sentir-se assim".

Eu já sugeri que uma boa forma de se começar a comunicação era com uma expressão de sentimento, porque isso faz com que uma reação defensiva da outra pessoa seja menos provável, e aumenta as chances de se começar a comunicação em um nível apropriado. Nos termos de nossa imagem do jogo de bola, é-nos útil começar o jogo com um lance de bola brincalhão, acurado e não forte demais.

Mas para as pessoas que gostam do jogo de Proteu, pode haver uma rápida mudança do terreno de sentimento para pensamento, de comunicação para discussão. E o modo mais astuto para fazer isso é transformar seu próprio sentimento em um assunto de argumentação, tentando desacreditá-lo.

Vejamos como isso funciona. John está chateado porque quando ele chega do trabalho descobre que a irmã de sua esposa está de visita em sua casa, e sua esposa, em vez de cumprimentá-lo calorosamente como sempre, virtualmente o ignora. Ele sabe que ficar ofendido seria muita sensibilidade de sua parte, mas o fato é que isso machuca seus sentimentos e faz com que ele se sinta sem importância sob os olhos de sua esposa. Então ele reúne sua coragem e finalmente diz: "Sabe, Mary, eu preciso lhe dizer que, quando cheguei em casa a noite passada e você estava tão atenciosa com sua irmã, senti que você não ligava para mim e não estava feliz de me ver chegar em casa". E Mary responde: "Ah, mas você não deveria se sentir assim".

Ou digamos que Mary está chateada com John porque, quando ela tentou repreender seu filho, Jimmy, seu marido intrometeu-se e a contradisse. Então ela diz: "Você sabe, John, que quando você me contradiz na frente das crianças no momento em que estou tentando repreender Jimmy, eu sinto que não tenho seu apoio". E John responde: "Mas você não tem direito de se sentir assim por causa disso. Somos uma família aberta e todos nós dizemos o que queremos dizer. Você não deve se sentir do jeito que você se sente".

É bem provável que John, no primeiro exemplo, e Mary, no segundo, logo passem para uma discussão sobre seu sentimento ter direito ou não ter direito de existir. Proteu trabalhou novamente, porque o terreno da discussão foi mudado do sentimento para o pensamento, da emoção para uma discussão. Além do mais, se uma pessoa é mais hábil com as palavras que a outra, alguém vai perder, e aquele que perdeu vai pensar: "Acho que fui estúpido por ter-me sentido assim". Entretanto o sentimento, denegrido como está, persiste e torna-se o combustível para um ressentimento crescente, ou uma autodepreciação crescente, ou ambos.

Essa tática de mudança é frequentemente empregada por pessoas que não se sentem à vontade na área do sentimento ou da emoção. Em um capítulo posterior, vamos ver que essas pessoas que chamamos de "tipos reflexivos" são especialmente propensas a mudar de terreno rapidamente, se puderem, do sentimento para uma discussão a fim de usar suas faculdades psicológicas, possibilitando-as de se sentirem superiores. O mais frequente é que seja o homem quem rebaixe o sentimento da mulher e use essa particular tática de Proteu, mas nem sempre isso é verdade, já que as mulheres também podem brincar disso. Em nossa cultura particular, na qual o pensamento é supervalorizado e o sentimento é subvalorizado, é especialmente fácil convencer muitas pessoas de que seus sentimentos não têm validade e de dissolver uma tentativa de comunicação com um simples "Mas você não deveria se sentir assim".

Felizmente, uma pessoa que expressa sentimentos pode evitar frustrar-se nesse assunto, lembrando-se de uma pequena coisa: Os sentimentos são fatos, e assim não são discutíveis, nem precisam ser justificados, porque simplesmente *são.* Pessoas sentimentais não precisam deixar que Proteu saia impune. Tudo que precisam fazer é se apegar a seus sentimentos.

Em nosso primeiro exemplo, John poderia ter respondido a Mary dizendo: "Bom, talvez eu não devesse me sentir assim sobre isso, mas o fato é que eu me sinto". E no segundo exemplo, Mary poderia ter respondido: "Você pode não pensar que esteja certo, mas o fato é que é como eu me sinto". Ou mesmo "Como você sabe como eu deveria me sentir?".

Os sentimentos são fatos do relacionamento. São nossos sentimentos que precisam ser discutidos acima de tudo. Os sentimentos não podem ser eliminados por um deve ou não deve, ou por discussões. Os sentimentos não têm de ser defendidos, mas têm de ser enfrentados, tanto pela pessoa que os tem quanto pela pessoa com quem se está tentando comunicar.

Para insistirmos na validade de nossos sentimentos e não sermos jogados em discussões sobre certo ou errado, faz-se necessária certa força. Mas, se uma pessoa percebe o que está acontecendo quando a outra pessoa deprecia seus sentimentos e toma uma decisão para não se sentir culpada por eles, a força geralmente vem.

Entretanto, é essencial *perceber o que está acontecendo*. Na verdade, para evitarmos ser puxados para dentro de todos os jogos de Proteu, precisamos percebê-los. Proteu tem sucesso porque não vemos o que está acontecendo. Uma vez que percebemos o que está acontecendo, temos algumas opções a nosso alcance: Temos poder de escolha e não precisamos ser vítimas da manobra de outra pessoa. Isso nos dá uma chance de nos pouparmos de machucados, e às vezes isto também poupa a discussão.

Mas, para percebermos o que está acontecendo, precisamos manter uma sentinela a postos. Precisamos separar uma parte de nossa consciência e colocá-la de lado, onde esteja em uma posição em que se perceba o que está acontecendo em uma troca pessoal. Essa sentinela pode então nos manter informados de quais jogos de Proteu estão desenvolvendo-se. Precisamos ser como cães da pradaria, que sempre têm uma sentinela em guarda, observando. Quando os outros cães da pradaria estão ocupados fazendo o que quer que precisem fazer, essa sentinela está ocupada observando ao redor; quando chega o perigo ela dá o sinal, e todos correm em disparada por cobertura. Felizmente, o ego pode fazer isso. O ego tem um truque bom: Ele pode estar muito envolvido em alguma coisa, e ainda guarda uma porção sua fora da ação, olhando objetivamente, sendo capaz de se reportar à "inteligência central" sobre o que está acontecendo.

É triste, mas quando a comunicação é frustrada a situação pode tornar-se bélica. A ideia da sentinela é não deixar o conflito se espalhar, reportando táticas injustas logo no começo da comunicação. Então a guerra pode ser rapidamente interrompida e o jogo criativo da comunicação pode começar.

Já mencionamos a questão do sentimento de culpa várias vezes. Agora vamos aprofundar-nos um pouco nesta questão da culpa.

VII. Culpa e comunicação

Como observamos no primeiro capítulo, a maioria das pessoas tem dificuldades em aceitar a culpa. Entretanto, nos exemplos dos jogos do tipo Proteu, que acabamos de discutir, a culpa tinha um papel importante. Pessoas podem jogar "Mudando de terreno" porque não aguentam sentir culpa. O assunto que seu parceiro traz à tona pode suscitar-lhes um sentimento de culpa; então, em vez de conversar sobre isso com o parceiro, elas mudam de terreno, para outra coisa. De forma similar, brincamos de "A ave nos arbustos" quando queremos fazer com que a outra pessoa se sinta culpada ou humilhada. A vaga indireta, porém poderosa, que vem dos arbustos é calculada para suscitar um ansioso sentimento de culpa na outra pessoa, para deixá-la com a impressão de que algo está errado com ela. Isso nos torna capazes de substituir a comunicação por controle e manipulação. Mas se a outra pessoa não aceita essa culpa e responde de forma direta e aberta, o jogo acaba e talvez a comunicação real possa começar.

A culpa faz com que não nos sintamos à vontade, reduz-nos a sentimentos desagradáveis e infantis e diminui tanto a nossa autoimagem que já não gostamos dela. Como resultado, sempre que aparece na comunicação algo que desperte um senso de culpa nós tendemos a retirar-nos ou a responder com uma contra-acusação.

Está claro, então, que se podemos aprender a lidar com a culpa podemos comunicar-nos com mais sucesso. Isso significa aprender a aceitar a culpa quando ela nos pertence, e a recusá-la se ela não é nossa. Então temos de começar discutindo a diferença entre culpa *real* e culpa *falsa.* Precisamos aceitar a primeira, porque ela nos pertence. Precisamos rejeitar a segunda, porque ela não é nossa.

Comecemos com a culpa falsa. A culpa falsa brota a partir de nossa voz acusadora interna. Todo mundo tem uma voz acusadora interna. Escutá-la é como ouvir uma série autônoma de pensamentos que entram em nossas mentes e nos criticam ou nos julgam, e geralmente nos humilham. Essa série de pensamentos pode ser comparada com um juiz interno que observa todas as nossas ações e pensamentos e, na menor oportunidade, intromete-se com um comentário negativo. Tanto homens quanto mulheres têm essa voz que produz culpa. Por razões que eu abordo em *The Invisible Partners*, a voz acusadora em um homem tende a soar como uma voz de mulher, e na mulher como uma voz de homem.

Geralmente, para percebermos que essa voz está ali é necessário um pouco de introspecção. Isso porque a voz acusadora está lá há tanto tempo que não percebemos o que ela está fazendo conosco. Provavelmente escutamos esses pensamentos de juízo desde que éramos crianças. Então nunca nos ocorre pensar sobre esses pensamentos como vindos de alguma parte de nós mesmos, parte esta que é diferente de nosso ego. Isso acontece especialmente se nos tornarmos idênticos a esses pensamentos críticos. Então eles nos engoliram, por assim dizer. O resultado é uma notada diminuição de nossa autoimagem, um sentimento crônico de que não somos boas pessoas, uma depressão, uma falta de espontaneidade e um escopo de vida muito reduzido.

Geralmente os pensamentos que produzem culpa podem ser rastreados até sua fonte, na mãe ou no pai. Talvez os pensamentos tenham começado quando a mãe ou o pai nos mostraram que às vezes éramos crianças ruins, que faziam coisas ruins. Era a época em que pisávamos nas irresistíveis poças d'água, memórias da linda tempestade, e então nosso pai ficava muito bravo porque estávamos calçando nossos sapatos novos. Era a época em que usávamos as palavras feias que as outras crianças na vizinhança usavam – mal sabíamos o que elas significavam –, e então nossa mãe nos dizia que nossos pensamentos eram horríveis e que jamais deveríamos dizer aquelas coisas de novo. Ou talvez tivéssemos um pai que ficava de mau humor quando fazíamos coisas das quais ele não gostava, e então ele não falava conosco, ou uma mãe que era especialista em evocar um ar de desaprovação que nos convencia de que éramos meninos maliciosos, responsáveis pela sua infelicidade. De todas essas formas e de milhares de outras, uma criança pode aprender que não é uma boa pessoa e que o amor está sempre condicionado à aprovação de pais críticos.

A voz acusadora interna pode começar assim, mas o fato é que, apesar da mãe ou do pai poderem ter contribuído para o problema, agora ele é nosso. Uma vez crescidos, não é bom culpar a mãe ou o pai pelo nosso problema; ele agora nos pertence. Além do mais, por mais estranho que soe, teríamos de qualquer forma uma voz acusadora interna. Lógico, se tivéssemos pais perfeitos poderíamos ter mais autoconfiança, mas todo mundo tem essa voz interna, não importa o tipo de pais que tenha tido. Isso porque é uma coisa arquetípica, o que significa que é uma qualidade típica e universal da mente humana possuir essa voz crítica como parte da estrutura de sua personalidade. Mas também a análise da origem do roteiro negativo (até nossos pais) não nos é tão benéfica quanto poderíamos imaginar. É verdade que ela nos dá uma perspectiva histórica sobre nossa situação e isso ajuda, mas ela não reduz uma vírgula da intensidade das acusações internas. Ganhar a batalha contra a voz acusadora requer uma luta no aqui e agora.

Então como *podemos* superar os afetos negativos dos pensamentos acusatórios? Como a maior parte dos assuntos espirituais e psicológicos, não há regras fixas e não há prescrições estabelecidas que todo mundo possa seguir. Cada pessoa deve encontrar seu próprio caminho. Mas há algumas sugestões que geralmente são úteis.

Primeiro, é útil identificar a voz acusadora o mais claramente possível. Para fazer isso, precisamos prestar atenção nos pensamentos que entram em nossa tela de consciência para que nos tornemos conscientes da voz crítica dentro de nós. Isso traz a voz crítica para fora e a impede de nos envenenar com sentimentos de culpa sobre nós mesmos.

Segundo, podemos prestar bastante atenção aos pensamentos acusatórios para que possamos identificar exatamente quais são as acusações contra nós; chega de sentimentos de culpa vagos, porém aniquiladores! Neste ponto, escrevermos sobre esses sentimentos em nosso diário, talvez até colocando aspas em volta deles, ajuda bastante. Quanto mais claramente identificarmos os pensamentos negativos, mais nos separamos deles.

Terceiro, podemos dividir esses pensamentos acusatórios com um amigo, com um padre ou com um conselheiro de confiança. Dividindo esses pensamentos com um semelhante com quem possamos falar francamente, sem medo de sermos julgados, fortalecemos nosso ego e então diminuímos o poder da crítica dentro de nós. Isso também alivia nosso sentimento de isolamento e ajuda com que nos sintamos pessoas mais aceitáveis.

Finalmente, podemos aprender a dialogar com a voz acusatória, a conversar com ela. Essa técnica chama-se "imaginação ativa", e eu a descrevi de forma mais completa no último capítulo de meu livro *Healing and Wholeness*, e também no apêndice de meu livro *The Invisible Partners*. Veja desta forma: Você já está escutando muita "conversa" em sua mente, dirigida contra você pelo seu Crítico Interior. Agora aprenda a parar, notar o que está sendo dito e responder a esses pensamentos. É uma boa ideia até escrever a decorrente conversa "imaginária". Isso faz com que tudo se torne mais real para nós. Eu coloquei "imaginária" entre aspas porque pode parecer que é a nossa imaginação agindo enquanto fazemos isso, mas conversar com essa voz interior é tão real quanto conversar com outra pessoa. Se você decidir fazer isso, não preste atenção ao pensamento que lhe diz: "Ah, você só está piorando as coisas". Esse pensamento também vem do Crítico Interior. É uma tentativa de ele continuar oculto e não ser forçado a desistir de seu poder.

Isso traz à tona a questão do relacionamento entre a voz acusativa e o que podemos chamar de voz de nosso Self real, o contraste entre o Crítico Interno e nossa verdadeira Consciência. Afinal, não deveríamos ter uma Consciência? Não deveria haver dentro de nós algo como a voz de Deus, que nos admoesta quando fazemos o mal e tenta manter-nos no caminho certo na vida? Claro. O problema é que a voz acusativa posa de autoridade moral verdadeira, mas não é. É isso o que dá à voz acusativa tanto poder: ela age como se fosse Deus, e finge ser nossa própria Consciência. Mas não é, e há um jeito de descobrir: A voz acusativa sobre a qual eu falo só pode ser destrutiva. Ela não tem o poder de nos desenvolver, ou de nos levar ao nosso Self real. Ela só nos pode arrasar, e infalivelmente dirá coisas que nos aniquilam. Suas admoestações são cheias de "deve" e "não deve" e são expressas na forma de generalidades que nos condenam enquanto pessoas. Elas são o tipo de acusações que nos deixa com o sentimento de "Acho que não sou bom... Acho que sou um fracasso". Em resumo, apesar de essa voz parecer ser a voz de Deus, ela age mais como o diabo no Novo Testamento, cujo nome em grego, *diabolos*, significa "o acusador".

Claro que há uma verdadeira Consciência dentro de nós, uma voz que podemos dizer que vem de nosso Self real e que nos tenta corrigir quando nos desviamos de nosso caminho correto na vida. Quando essa voz vem até nós, precisamos escutar. Mas as críticas feitas por essa voz não nos aniquilam. Por mais dolorosas que sejam, elas nos levam de volta para nosso Self real e não nos afastam dele. Isso porque essas críticas não nascem de sentimentos de culpa falsos, mas sim quando nossa natureza verdadeira e mais profunda é violada. Quando nos desviamos de nossa natureza verdadeira, escutamos o que equivale à voz de Deus dentro de nós. Isso é nossa Consciência verdadeira, que pode até falar conosco em nossos sonhos, como eu indiquei em meu livro *Dreams and Healing*. A culpa da qual então nos tornamos conscientes é a culpa real. Realmente somos culpados quando vamos contra a nossa própria natureza. Precisamos aceitar essa culpa como nossa, porque nos pertence. Podemos não gostar dela, mas é nossa. Mas o que redime é o seguinte: Enquanto a culpa falsa esmaga nossa personalidade, a culpa verdadeira não o faz. Quando assumimos a culpa falsa, somos destruídos por ela, mas quando carregamos de forma honesta a culpa que nos pertence, tornamo-nos maiores, e não menores, em personalidade.

Claro que é doloroso. Qualquer culpa é dolorosa. Não queremos reconhecer nossa culpa verdadeira. Até preferimos nossas culpas falsas a nossas culpas verdadeiras porque, por razões que vamos investigar, as primeiras permitem que continuemos com nosso egocentrismo, mas as últimas exigem que abdiquemos dele. Reclamamos dos dois tipos de culpa, mas secretamente fazemos uma aliança com a culpa falsa. Já a culpa verdadeira é a que nos pode curar. Se pudermos reunir a coragem para enfrentar nossas reais omissões e fracassos na vida, poderemos começar a crescer. É a dolorosa verdade que nos liberta.

A culpa verdadeira é inevitável na vida. Não podemos passar por essa vida sem infligir dor aos outros. Uma pessoa inevitavelmente prospera às custas de outra. Nenhum homem de negócios pode ser um sucesso sem prejudicar ou usar os outros – empregados ou concorrentes – de uma forma ou de outra. E qual é o profissional que pode dizer que, ao menos algumas vezes, seus erros nunca prejudicaram seus clientes? Os pais inevitavelmente infligem dor a seus filhos e prejudicam sua confiança, sua autoconfiança e seu amor. Apesar do que acreditamos ser nossas melhores intenções, nossas áreas de inconsciência e nossa escuridão interior fazem-nos machucar aqueles a quem mais amamos (porque eles estão mais vulneráveis).

Viver, ter experiências, é incorrer em culpa. Essa é a culpa real. Isso deve ser enfrentado, e pode ser enfrentado sem danos ao Âmago de nosso ser. Mas a culpa neurótica instilada em nós pela voz que produz culpa negativa realmente causa danos. O problema é que a maioria de nós se sente culpada pelas coisas erradas, e não se sente culpada quando a culpa realmente nos pertence.

Usemos um exemplo hipotético, porém realista. Uma mulher percebe que está infeliz com seu marido, admite que tem fortes ímpetos de deixá-lo e tem fantasias sobre encontrar um outro homem. Ela percebe que seu marido é fraco e tirânico ao mesmo tempo. Por um lado, ele tenta tiranizá-la, reprimindo-a com comentários críticos e tentando controlá-la e manipulá-la com seu mau humor. Por outro lado, ele também é uma criança fraca, que ela reconhece ser emocionalmente dependente dela, e que ele deve, ela acredita, ser incapaz de continuar sem ela para se cuidar e ser seu bode expiatório. Outras pessoas pensam que eles têm um casamento feliz, mas isso porque seu marido mostra seu lado escuro apenas quando eles estão sozinhos e também porque ela emula uma felicidade na presença de outros. Como resultado, ninguém sabe que seu casamento é uma hipocrisia e ninguém sabe como ela é realmente infeliz.

Mas agora sua infelicidade tornou-se tão grande que ela é forçada a encarar que não gosta de seu marido. Estimulada por sua infelicidade, ela reflete sobre as circunstâncias que levaram a essa união infeliz. Refletindo de forma honesta, ela percebe que nunca amou esse homem. Quando eles se conheceram, ela era muito infeliz vivendo em casa, mas não tinha como achar seu caminho de forma independente na vida. Seu marido apareceu e parecia oferecer a saída. Ele era um pouco mais velho que ela, tinha um emprego estável e parecia ser uma pessoa apresentável. E claro que ele estava mostrando-lhe o lado "bom" naquela época. Então para ela não foi difícil convencer-se de que isso era amor, mas em seu coração ela sabia naquela época, e percebe agora, que nunca o amara. Ele era simplesmente a saída daquela situação desagradável. Então ela se casou, e já que não podia admitir para si mesma seus reais motivos para tê-lo feito, fingiu por muitos anos, para si mesma, para ele e para os outros, que o amava. Ela sustentou isso por muito tempo, mesmo depois de ele ter parado de ser "bom" com ela e ter começado a dominá-la.

Mas finalmente seus sentimentos reais não podiam mais ser negados. Ela ficou deprimida e percebeu como realmente se sentia em relação a seu casamento. Agora sabia por que tinha esses fortes ímpetos de ir embora, e por que tinha tais fantasias com outros homens que de repente tinham-se tornado tão atraentes para ela.

Então considerou a opção de ir embora. Eles tinham dois filhos, mas estavam já bem crescidos. De qualquer forma, eles *estavam* lá. Como será que eles se sentiriam com isso? Lógico, eles não eram muito apaixonados por seu pai, mas ele ainda era o pai, e parecia depender deles, bem como dela, para qualquer felicidade que tivesse na vida, daquele seu jeito egocêntrico. Será que ela tinha o direito de afastar seus filhos dele, pedindo o divórcio?

Agora, os pensamentos que produzem culpa começam a surgir. O Crítico Interior começa a trabalhar nela: "Você não pode ir embora. Se você for embora, será malvada. Você fez votos quando se casou com ele, votos de ficar com ele para sempre. Agora quer quebrar esses votos só para procurar sua própria felicidade. Não se importa com a felicidade dele ou com a felicidade de seus filhos. Você é uma mulher egoísta. Se ele não está contente com você é porque o rejeitou. Você deve ser mais gentil com ele. Olha como você lhe nega sexo! Você não tem esse direito. Você é sua esposa. Se abandoná-lo todos os seus amigos e vizinhos saberão que você é malvada, e estarão certos. Seu marido pode até ficar doente, ficar em choque. Pode até cometer suicídio. Lembra-se de uma vez em que ele ameaçou se matar se você o deixasse? Se ele se matar, *você* vai ser a culpada...". E a voz continua e continua, e a mulher sente que não pode acabar com o casamento; sua autoimagem diminui cada vez mais, porque agora ela está convencida de que a voz está certa: Ela é uma má pessoa para ter esses pensamentos.

Finalmente, em meio a sua dor ela procura uma conselheira e lhe conta a história. A conselheira ouve cuidadosamente e, sem dar um conselho direto, lhe diz algumas coisas: "Sua necessidade de ir embora é parte de seu desejo de encontrar sua própria saúde. Se uma pessoa está afundando, será que vai ser bom se a outra pessoa tentar salvá-la, e se esta primeira puxar os dois para baixo? Se seu marido escolher suicidar-se, isto é entre ele e Deus; você não pode responsabilizar-se por isso. Se os outros a criticarem, é você quem terá de enfrentar. Seus amigos de verdade vão entender. Seus filhos podem ficar chocados se você deixar o pai deles, mas isso vai ser pior que viver um relacionamento hipócrita sob seus olhos? Se você for embora, pode parecer que está prejudicando outras pessoas, mas pelo menos será real. É verdade que você fica com ele para proteger os outros da dor? Ou será que lhe falta coragem para assumir a responsabilidade pela sua própria decisão e assumir o fardo de sua própria vida? E você se sente mais culpada indo embora ou ficando? Agora seu marido está vivendo com uma mulher que não o quer.

Se você for embora, ele tem a chance de encontrar outra mulher que possa querer estar com ele. Isso também lhe dá a chance de ser ele mesmo. Você mantém o casamento por amor, por moralismo ou por medo? Você se recusa a ir embora por que é muito gentil e justa ou por que está com medo de admitir para si mesma seu terrível erro de, para começar, ter-se casado com ele e de pagar o preço por isso abertamente?".

A mulher é forçada a admitir que a conselheira está certa em alguns pontos. Na verdade, ela já havia tido alguns desses pensamentos, de tempos em tempos, mas mal se permitia pensá-los. Mas, ela pensa, será que é sua verdadeira Consciência? Nem sempre é fácil saber. Mas está claro que seus sentimentos de culpa na situação são compostos de sentimentos de culpa falsa e verdadeira. Também está claro que, ficando no casamento, ela se sente uma covarde. E, mesmo assim, não consegue livrar-se tão facilmente da crença de que seu lado escuro, o lado cheio de sombras que clama por liberdade do casamento asfixiante, deve ser mau. Será que ele não vai destruir tudo? Se ela desse espaço para ele, o naufrágio do casamento se alastraria por todos os lugares. A vida de seus filhos seria desarraigada (apesar de que talvez a mudança fosse para melhor) e a infelicidade de seu marido seria incalculável (ou assim ela imagina). Mas o que é pior – seu aparente lado escuro que destruiria o lar, ou seu ego covarde que vive uma vida hipócrita?

Tomemos outro exemplo. Um homem está casado com uma mulher dominadora. Ela nem sempre foi assim, mas quanto mais tempo eles ficavam casados, mais dominadora ela se tornava. Ela quer tudo de seu jeito e o irrita, e também irrita os filhos, para que façam assim. Quando contrariada ela entra em fúria, ou faz beicinho e não fala mais com ninguém, o que os faz sentir tão pouco à vontade que acabam cedendo. O homem gosta de paz e de harmonia. Ele acredita que é errado brigar, e já viu o efeito ruim que aparentemente recai sobre todo mundo quando ele tenta colocar alguma resistência contra ela. Então por muito tempo ele comprou a paz, deixando-a fazer as coisas do jeito dela. Quanto pior ela ficava, tanto "melhor" e mais prestativo ele se tornava.

Logo, aos olhos dos outros que os conhecem, ele é o mocinho e ela é o cavalo de batalha. Até os filhos concordam que seu pai é gentil. Ele mesmo acredita que sua gentileza é uma virtude, que é um homem amoroso e que sua tarefa na vida é manter a família unida e produzir o que existe de paz e de bondade. Estranhamente, a resposta de sua esposa a sua gentileza é ficar cada vez pior.

Finalmente, um dia ela se torna mais dominadora que o comum; ela realmente lhe dá ordens, como a um empregado. Dentro dele, um estalo. Antes de ele saber o que está fazendo, grita uma obscenidade para ela e lhe dá um tapa no rosto. Sua esposa surta. Ela cai no sofá, soluçando que ninguém a ama. Instantaneamente, seu marido cai em um estado de doloroso remorso. "Olha o mal que você fez!", diz violentamente seu Crítico Interior. Não conseguindo suportar seu choro, cheio de culpa, o marido reprime sua raiva de novo. Agora ele é só solicitude, cheio de desculpas, implorando perdão. Por um breve momento, sua esposa o olha de forma atraente; ela realmente parece uma mulher que ele poderia amar, mas à medida que ele se torna mais obsequioso, ela novamente se torna tirânica.

Mas sua esposa não está mais tão segura de si, então consegue uma hora com o ministro da igreja. O homem vai junto, um pouco temeroso, mas também com um pouco de esperança. Afinal, o Pastor Smith é um homem genial e talvez possa ajudar. O Pastor Smith ouve de forma atenta enquanto eles contam a história, com a mulher falando na maior parte do tempo. Então ele lhes fala sobre Deus e Seu amor, e, não conseguindo conter-se, lembra seu paroquiano desgarrado de que é errado bater em sua esposa e de que ele nunca mais deve fazer isso.

Ambos agradecem ao Pastor Smith sua ajuda, e logo voltam ao antigo padrão, só que pior do que nunca. Isso porque toda vez que ele mostra o menor vigor, sua esposa lembra-o do dia terrível em que ele bateu nela, lembra-o da pessoa ruim que ele é por ter feito tal coisa.

Onde está a culpa do marido? Certamente é – geralmente – uma coisa ruim bater em outras pessoas. O Pastor Smith deixou-lhe isso bem claro, e seu Crítico Interior o lembra disso o tempo todo. Sem perceber, o homem tem uma criança interior que se lembrou de um incidente similar: Foi quando sua mãe o repreendeu por algo que ele não havia feito, ele respondeu de forma desafiadora, dizendo-lhe palavras feias, e ela o trancou no quarto por dois dias e não deixou ninguém da família falar com ele. Ele conclui que é uma má pessoa e que nunca mais deve ficar com raiva.

Mas ele é infeliz, mais infeliz que antes. Sente-se como um animal enjaulado que sentiu o gosto da liberdade e então foi preso novamente, em uma jaula menor que aquela em que estava antes. Não aguentando mais, ele procura um amigo e lhe conta sua história, mas seu amigo lhe oferece um ponto de vista diferente. "Deve ter sido bom desabafar", sugere seu amigo. "Parece-me que ela mereceu levar uns tapas. Pela primeira vez você deve ter-se sentido um homem."

O marido discorda veementemente de seu amigo. "Não foi bom falar com ele", ele pensa consigo mesmo. E, mesmo assim, enquanto vai para casa, surgem outros pensamentos. Ele se lembra de que, depois de ter batido em sua esposa e de ela ter deitado ali no sofá chorando, por um breve momento ele sentiu uma fagulha do antigo amor por ela, aquele que um dia ele teve. Vem-lhe o pensamento: Talvez quando você tenta apaziguar a raiva de sua esposa, você apenas a esteja encorajando a dominá-lo. Talvez quando tenta ser tão gentil com ela quando ela age mal, você só lhe esteja negando a chance de lidar com alguém que não aceitará sua rudeza, e isso lhe nega uma chance de crescer e de mudar. Você pensa que está sendo um mártir amoroso. Será que, de fato, você não está sendo um hipócrita quando age assim? Será que, quando você está com raiva dela, não está sendo genuíno?

A culpa verdadeira e a culpa falsa, elas todas se misturam. Aquela que banca a voz de Deus pode realmente ser a voz falsa. A outra, que às vezes parece o diabo, pode na verdade ter por trás de si o poder do Âmago real de nossa personalidade. Como podemos saber a diferença?

Para voltar à mulher de nosso primeiro exemplo, não importa o que ela faça, envolverá culpa. Se ela acabar com o casamento, certamente irá sentir culpa, não apenas pela dor que estará causando aos outros, mas também pelo fato de que sua inconsciência sobre seus motivos a levou para dentro dessa união, em primeiro lugar. Mas se ela ficar no casamento, ela também irá sentir-se culpada – culpada de viver uma vida falsa, e de bancar alguém que ela não é.

O homem de nosso segundo exemplo também não pode escapar da culpa. Ninguém se pode permitir ser forçado a reprimir tão profundamente sua raiva e suas emoções a ponto de explodir em violência física sem ter de assumir alguma culpa. Mas talvez sua maior culpa esteja em ter sido tão "bom", em ter escondido sua covardia, assumindo o papel do homem gentil que é um mártir, há tanto tempo sofredor.

A culpa verdadeira e a culpa falsa misturam-se em nossas mentes. Mas claramente o Crítico Interno que inspira a culpa falsa em nós está, em ambos os exemplos acima, do lado de um casamento e de um relacionamento hipócritas. Apesar de falar com autoridade, desenvolve impostores.

E é aí que nosso egocentrismo está em secreta aliança com a

voz que produz culpa. Sim, reclamamos sobre a depressão que nossa culpa falsa inspira em nós. Mas o fato é que, se afastássemos essa culpa falsa, teríamos de tornar-nos pessoas genuínas. Teríamos de tornar-nos fortes e honestos psicologicamente com nós mesmos. Teríamos de assumir nossa infelicidade como nosso próprio problema, e não poderíamos mais ficar lamentando-nos. A verdade é, no fundo de nossos corações, podemos preferir um sofrimento neurótico a uma tarefa de ter de mergulhar-nos em nós mesmos.

O que essas pessoas vão fazer? Não sabemos, claro, porque ambos os exemplos são hipotéticos, apesar de os ingredientes de ambos terem sido tirados de histórias reais. É bem provável que a mulher do primeiro exemplo vá ficar em seu casamento infeliz, e que o homem do segundo exemplo continue a viver a vida de um covarde, escondida pelo fato de bancar o sofredor. Eles certamente irão fazer isso, a menos que possam libertar-se de sua necessidade de ter uma causa externa para culpar por seus problemas internos.

Na análise final, o Crítico Interior consegue ficar forte a partir de nossos egos falsos, egocêntricos. Mas se, finalmente, pudermos achar a coragem de nos libertarmos do Crítico Interior e da culpa falsa, podemos sair do confinamento de nosso egocentrismo e entrar em uma vida mais espontânea. Tudo é um grande risco, claro. Não há garantia de que, libertando-nos do Crítico Interior que produz culpa, acabaremos no lado certo. Talvez, afinal de contas, sejamos apenas aquela pessoa terrível que o Crítico Interior nos diz que seremos. A vida não dá garantias, e se Deus nos dissesse exatamente o que fazer, Ele apenas nos tornaria mais egocêntricos que nunca. Não, agimos de forma ousada, corremos o risco. Pesamos todas as alternativas. E então, finalmente, agimos.

VIII. Comunicação indireta

Até agora discutimos tentativas diretas de comunicação, mas às vezes, como sugerido antes, a comunicação é feita de forma indireta, mesmo involuntária. Há várias maneiras de se fazer isso, mas em todos os casos é como se a vida dentro de nós necessitasse desesperadamente se comunicar com os outros, mesmo quando não queremos conscientemente que essa comunicação ocorra.

Uma maneira pela qual a comunicação indireta pode acontecer é pelo corpo, que envia seus próprios sinais mesmo que não estejamos conscientes deles. Exemplos de comunicação corporal incluem todos os sintomas físicos induzidos psicogenicamente com os quais um médico está familiarizado: a pressão alta que se descobre resultante de estresse ou ansiedade, o ataque cardíaco simulado que se descobre não ter base orgânica, e muitos outros sintomas, desde tontura até dores de cabeça, que podem não ter base orgânica.

A comunicação corporal também inclui a chamada linguagem corporal. Quando apertamos ou torcemos nossas mãos inconscientemente, estamos telegrafando para os outros uma mensagem sobre nossa raiva, nossa frustração ou nossa tensão não expressa. Nossa postura, quando estamos parados, ou nossa forma de andar, lenta e triste, é como um sinal luminoso que conta para o mundo sobre o imenso fardo psicológico que estamos carregando, nosso desespero ou nosso sentimento de fadiga espiritual. As mudanças inconscientes de inflexão em nossa voz frequentemente dizem mais que nossas palavras sobre como nos estamos sentindo, e as pessoas que são sensíveis aos outros respondem à modulação de voz tão bem quanto às palavras.

Médicos e conselheiros habilidosos aprendem a observar os movimentos do corpo de seus pacientes. Uma boa médica submete sua paciente ao escrutínio a partir do momento em que esta pisa em seu consultório. Um terapeuta pode observar o modo pelo qual seu paciente subiu as escadas para encontrá-lo; ele nota o que as mãos de seu paciente estão fazendo enquanto ele fala; observa como seu paciente entra e como seu paciente sai. Tudo isso conta muito ao terapeuta sobre o estado interno de seu paciente. Essas mensagens corporais podem ser um livro aberto que pode ser facilmente lido por aqueles que conhecem a linguagem.

Mas você não precisa ser um médico ou um terapeuta para aprender a ler essas mensagens. Qualquer um que esteja interessado em outras pessoas, que investe tempo na observação e que usa o bom senso pode ler os sinais do corpo que quase todos nós emitimos. Eles nos podem dizer muito, porque é como se o corpo da pessoa quisesse que alguém soubesse o que está acontecendo, mesmo que essa pessoa não expresse em voz alta seus sentimentos íntimos.

Outras formas de comunicação involuntária acontecem através de alguns tipos de mecanismos psicológicos inconscientes. Um dos mais comuns é o chamado lapso de língua. Isto ocorre quando conscientemente queremos dizer uma coisa, mas dizemos outra. Escutamos alguns lapsos quando os cometemos; outros são tão sutis que não os percebemos, apesar de as outras pessoas claramente os escutarem. Lapsos de língua podem ser apenas engraçados ou ter um efeito mais devastador. Foi esse o caso quando o Major Daley, de Chicago, proclamou em um anúncio público que "a polícia não está ali para criar desordem; a polícia está ali para preservar a desordem".

Uma boa senhora "cristã", que estava bem brava com uma outra mulher em sua paróquia, uma vez me disse: "Eu falei com ela *venenosa*mente". Claro que ela quis dizer "veementemente". Seu lapso de língua traiu os sentimentos de raiva e de vingança que ela nutria pela outra mulher e que não podia admitir a si mesma. Mas, indiretamente, através do lapso de língua, os sentimentos escuros tornaram-se comunicação por si mesmos.

Não é apenas o ego consciente que quer comunicar-se; a comunicação não é algo que decidimos fazer. É uma necessidade que urge sobre nós, lá de dentro. Por essa razão, quando não conseguimos comunicar-nos em um nível consciente, o inconsciente pode trabalhar por nós.

Isso frequentemente ocorre, por exemplo, quando guardamos um segredo. Há algo dentro de nós que não gosta de guardar segredos por causa de algum propósito egocêntrico, e como resultado há uma pressão dentro de nós para que deixemos o segredo escapar. É especialmente difícil impedi-lo de vir à tona quando o segredo concerne ou se relaciona à vida de alguma outra pessoa. Claro que é diferente quando estamos guardando informações confidenciais pelo bem dos outros. Então o médico, o padre ou um amigo próximo pode guardar de maneira segura os segredos de seus confidentes.

Mas os segredos que guardamos por propósitos egocêntricos não são saudáveis. Eles ficam enredados em um tipo de culpa, e então cresce dentro de nós uma pressão considerável para que traiamos esses segredos com alguém. Sob essas circunstâncias pode ocorrer uma comunicação involuntária e inconsciente.

Um exemplo: Um dia uma mãe entra no quarto da filha para trocar a roupa de cama. Sob o travesseiro, ela encontra um envelope de aparência misteriosa. Ela pensa com seus botões: "O que está dentro desse envelope não é de minha conta; eu não devo xeretar". Mas claro que ela xereta, e dentro ela encontra um pó branco de aparência suspeita. Ela mostra o pó para o marido, que o leva para seu amigo que é farmacêutico, que o identifica como uma droga perigosa. Agora os pais sabem que sua filha usa drogas escondida.

Quando confrontada, a filha fica indignada justificadamente por causa da invasão de sua privacidade. "Vocês não tinham o direito de olhar dentro daquele envelope", ela diz com raiva. Pensa que sua mãe descobriu o envelope por acidente, e acha injusto ela ter olhado dentro dele. Mas ninguém deixa tal evidência por perto se não existe um desejo escondido de que o assunto secreto seja descoberto. Se a jovem fosse completamente honesta consigo mesma, ela admitiria que está aliviada que o assunto veio à tona. Claro que ela não irá dizer isso, mas está contente que sua mãe e seu pai agora sabem de seu segredo, porque ela queria ajuda com seu problema, mas não conseguia pedir por si mesma.

Tomemos outro exemplo hipotético, mas verossímil. Não é raro que John olhe dentro da bolsa de sua esposa; ele frequentemente olha, com o total conhecimento dela, para poder achar o talão de cheques e pagar as contas, ou por outra razão legítima. Mas um dia, quando vasculha a bolsa da esposa, ele descobre bilhetes que parecem estranhos. Naturalmente ele os olha, e logo fica sabendo sobre o caso de amor secreto entre sua esposa e outro homem.

Podemos adivinhar por que a esposa de John deixou a evidência indicadora bem no lugar onde seu marido a acharia. Internamente, ela estava dividida sobre seu caso. Parte dela *queria* que o segredo fosse descoberto. Claro que ela fica com raiva de seu marido ter invadido sua privacidade, mas outra parte dela está aliviada. Agora, talvez algo possa ser resolvido. Pelo menos ela não terá de carregar sua culpa escondida.

O caso de amor secreto é um segredo particularmente difícil de se manter. Nossos relacionamentos de amor fora do casamento, ou qualquer outro relacionamento importante, gritam claramente para serem comunicados. Para manter o segredo, despendemos uma quantidade surpreendentemente grande de energia. Se uma pessoa guarda tal segredo, ela tem de ficar pensando o tempo todo para não trair seu caso de amor ou seu companheiro. E, cedo ou tarde, o inconsciente quase sempre percebe que ela cometeu um erro. Porque a demanda interna por comunicação é mais forte que o medo que o ego tem de o segredo aparecer. De fato, provavelmente na maioria das vezes que um caso de amor está acontecendo e o companheiro interessado não percebe, ele realmente não quer perceber.

Quando alguém está estranhamente cuidadoso para manter um caso de amor secreto, e estranhamente consegue escondê-lo, a comunicação ainda assim pode acontecer a partir do inconsciente da pessoa para o inconsciente da outra. Nesse caso, a pessoa que está sendo traída frequentemente sonha com o caso de amor de seu parceiro. Geralmente é uma mulher quem sonha sobre o caso de amor secreto do marido, às vezes até o vendo realmente com uma mulher idêntica àquela com quem ele está tendo os encontros secretos. É como se a comunicação que deveria estar acontecendo conscientemente entre duas pessoas tivesse sido bloqueada, e então se ocultasse e acontecesse via inconsciente. Por que isso é tão frequente é um mistério. Certamente deveríamos poder escolher. Mas os propósitos da vida são mais fortes que os propósitos do ego, e os propósitos da vida raramente são servidos por segredos.

Às vezes meios diretos de comunicação parecem arriscados demais, ou difíceis demais. Queremos que alguém saiba como nos sentimos, mas não conseguimos por nós mesmos contar com palavras. Talvez seja uma inibição o que nos impede, ou um medo de rejeição, ou talvez a pessoa com quem nos desejamos comunicar seja uma pessoa difícil, propensa a entender as coisas de forma errada. Por qualquer razão, às vezes acontece de as pessoas deliberadamente decidirem comunicar-se de forma indireta em vez de usarem a forma direta.

John e Mary tiveram uma discussão. John agora já superou sua raiva e está arrependido de ter dito coisas tão rudes a Mary. Entretanto, ele não consegue desculpar-se. Mas, faz uma coisa que nunca fez: quando ela diz estar cansada aquela noite, ele se oferece para ir à mercearia para ela. Se Mary ficar alerta, ela irá reconhecer que, através de seu comportamento incomum, seu marido está tentando dizer-lhe que está arrependido e que quer fazer as pazes.

As crianças também fazem isso. Um menininho aborreceu sua mãe com seu comportamento. Mais tarde, ele chega em casa com um pequeno presente para ela. Ele pegou o narciso do jardim e o trouxe para ela como um presente. Só podemos esperar que sua mãe não fique brava de novo por ele ter arrancado uma flor importante do jardim sem permissão. Esperemos que ela reconheça nessa atitude que seu filho quer ficar de bem com ela, mais uma vez.

A linguagem do amor tende a ser especialmente indireta porque o amor é íntimo e aproxima-se da alma, então frequentemente temos medo de sua expressão direta. Na verdade, às vezes é melhor quando o amor é comunicado de forma indireta que direta, e as pessoas reconhecem isso instintivamente.

Um jovem vê uma jovem especialmente atraente na escola. Ele quer abordá-la e apresentar-se, mas não sabe como. Ele é tímido demais para chegar e perguntar: "Qual é seu nome?". Além disso, ele tem medo de que isso possa afastá-la dele. Como ele teme rejeição e teme que possa ganhar seu desdém abordando-a de forma muito direta, ele encontra uma maneira indireta de comunicar seu interesse. Simplesmente "acontece" de ele estar fora da escola quando ela sai, e simplesmente "acontece" de ele topar com ela, dizendo: "Eu não a vi outro dia no jogo de futebol?" (bem sabendo que não). A jovem pode reconhecer que ele está indiretamente lhe dizendo: "Você é atraente para mim. Eu gostaria de conhecê-la melhor, mas é possível?".

Os homens são especialmente propensos a serem indiretos quando comunicam o amor a uma mulher, mas as mulheres também podem ser indiretas nas mensagens que dão. Uma mulher brigou com seu marido porque ele vê muito futebol na televisão nos fins de semana. Por causa disso, ela se sente machucada e podada, e como resultado eles tiveram uma terrível discussão sobre isso. Ele tentou fazer um acordo e sugeriu que eles saíssem depois do jogo para jantar. Ela recusa, com desdém. Agora ela decide mudar de ideia: decide que tudo bem ele assistir ao jogo de futebol se isso lhe é importante. E, antes do jogo acabar, ela lhe traz uma xícara de café. A mensagem é clara: "Vamos fazer as pazes".

É fácil desdenharmos a comunicação indireta. É comum dizermos que a outra pessoa é covarde, que deveria vir direto até nós e dizer o que sente, em vez de ficar usando rodeios. Especialmente em assuntos amorosos, uma mulher pode exigir virtualmente que seu parceiro lhe conte o que sente, e estar inclinada a rejeitar formas indiretas de comunicação. Às vezes essa *é* uma forma de covardia, se pudermos chamar o medo da rejeição de covardia. E às vezes é um falso orgulho que faz com que comuniquemos indiretamente em vez de diretamente. Mesmo assim, podemos tentar aceitar de bom grado formas de comunicação indireta. Essa, afinal de contas, é melhor que nenhuma forma de comunicação.

Há ocasiões que a comunicação indireta é melhor que a comunicação direta. Assuntos do coração são frequentemente mais bem expressos à meia-luz que sob uma luz forte. Sentimentos sutis pedem meios sutis de transmissão. Nestes dias, nesta época, quando exigimos tanta abertura e valorizamos o que chamamos de "ser honestos", é fácil nos esquecermos da sutil linguagem do amor. É como as flores: algumas vão melhor no sol, outras vão melhor na sombra.

Quando todos os outros meios de comunicação esgotaram-se, algumas pessoas tentam comunicar-se com o que conhecemos por "atuação". Na atuação, uma pessoa representa os sentimentos internos através de suas ações. O que um observador vê é apenas o comportamento, mas sob o comportamento está a agenda da pessoa, seus sentimentos, suas necessidades e seus pensamentos que querem ser escutados, mas foram negados. Então essa pessoa lança mão da atuação.

Por exemplo, uma mulher casada tem um caso com outro homem. Curiosamente, ela consegue que seu marido descubra. Talvez até ela ouse contar-lhe por si mesma. Ele fica machucado, com raiva, e naturalmente a acusa de amar outra pessoa e de ser infiel a ele. A verdade é que ela não ama o homem com quem teve um caso; ela ama seu marido, mas este tornou-se tão absorto em seus negócios, tão tomado por suas próprias preocupações, tão confiante de que sua mulher sempre estará lá, pronta e esperando por ele, que não ouviu os apelos por uma participação maior em sua vida e por uma maior expressão de seus sentimentos. Várias e várias vezes ela tentou abordar os problemas de seu relacionamento e foi posta de lado. Então finalmente ela decide ter um caso, apesar de realmente querer a atenção do marido. E consegue. Ela *tem* a atenção do marido agora, e ele está com raiva, machucado, e envolvido. Os dois têm um confronto raivoso. A mulher até gosta bastante, mas também tem medo de ter ido longe demais, e fica ansiosa por talvez não ser capaz de deixar bem claro o que realmente quer dele.

A possibilidade de ela não conseguir passar sua mensagem complica-se por dois fatores. Um deles vem do fato de que ela mesma pode não estar inteiramente consciente do que estava fazendo. O plano de ter o caso para conseguir a atenção do marido pode ter sido maquinado em algum canto escuro de seu ser e seus motivos podem não estar inteiramente claros nem mesmo para ela.

Uma segunda complicação é que seu marido agora está terrivelmente magoado. Suas próprias emoções o compelem a dar-lhe a atenção que ela quer, mas essas mesmas emoções também são uma barreira à comunicação; elas fazem com que fique mais difícil para ele ouvir os sentimentos sutis e suaves de sua esposa. Pode ser que o problema não acabe em entendimento; e pode virar um grande problema, sem perspectiva de recuperação para o relacionamento. Então essa é a questão de quando usamos a atuação para nos comunicarmos. Esse comportamento pode quebrar o bloqueio e fazer com que a comunicação aconteça novamente, mas também pode fazer com que as coisas fiquem piores do que antes.

Quando somos forçados a atuar para nos comunicarmos, as coisas já estão bem ruins. Como acontece com a garota hipotética que escreveu a carta imaginária que incluímos no primeiro capítulo, o estado de alienação é quase sempre extremo quando a atuação é escolhida como último recurso.

O uso de drogas, o comportamento antissocial, as "bombas" na escola, todas essas formas de comportamento podem ser tentativas indiretas de comunicação. Tentativas de suicídio às vezes caem na mesma categoria. Muitas pessoas "tentam" cometer o suicídio, mas não conseguem. O que conseguem fazer é atrair uma boa atenção para si mesmas. Família, amigos, médicos, talvez até a polícia, são chamados e, pelo menos por um momento, o potencial suicida torna-se o centro de uma grande dose de energia. Essas tentativas de suicídio fracassadas podem ser compostas de muitos fatores. Pode haver uma ambivalência genuína com o continuar da vida. Sim, ela *quer* morrer, e então toma um monte de remédios; mas existe outra parte dela que não quer morrer, então ela não toma o suficiente para se matar, ou, tendo tomado os remédios, liga para uma amiga para contar o que fez. Também pode haver agressão aí, porque as tentativas de suicídio podem ser, ao menos em parte, atos hostis direcionados contra pessoas ofensivas de importância pessoal. Mas a tentativa de suicídio também pode ser uma tentativa de comunicação: "Olhe para mim. Veja minha dor! Veja como estou infeliz. Veja quanta raiva eu tenho de você. Veja o quanto eu quero que alguém venha e me ajude!".

Novamente, nem tudo isso é parte de um plano consciente por parte do potencial suicida. Quando se trata de comportamento de atuação, os planos são traçados na camada sombria entre a mente consciente e a inconsciente. Nesse momento, as pessoas raramente têm clareza sobre o que estão fazendo e por quê.

Tom, como vamos chamá-lo, era divorciado e casou-se novamente com uma mulher que também estava divorciada e tinha três filhos adolescentes. Tom e sua nova esposa davam-se bem quando estavam sozinhos, mas não quando os filhos estavam por perto. Na visão de Tom, a mãe deles era muito permissiva e em sua opinião os adolescentes comportavam-se mal. Várias vezes Tom tentou convencer sua esposa a discipliná-los de forma mais rígida, e algumas vezes ele tentou exercer autoridade por si mesmo. Mas seus desejos foram negados. A mãe deles não partilhava da visão de Tom sobre disciplina. Ela não queria que ele tivesse um papel na vida de seus amados filhos. Ela não acreditava que o que eles estavam fazendo era assim tão ruim e não queria mudar seus padrões de relacionamento com eles, e os adolescentes definitivamente não queriam que seu padrasto assumisse o papel de um disciplinador que imporia e que fixaria certas regras a eles.

Um dia a pressão da vida familiar o atingiu e Tom ficou louco de raiva. Ele era um homem grande, de tipo rústico, e quando o dique se quebrou e toda a fúria emergiu, foi como o proverbial elefante na loja de cristais. Tom arremessou os móveis pela casa, quebrou lâmpadas, jogou uma cadeira no televisor e o deixou em pedaços pelo chão. Ele atirou a geladeira no chão e todas as coisas que estavam dentro dela caíram. A esposa e os filhos, assustados, fugiram de casa. Foi tudo muito dramático. A polícia foi chamada e chegou à casa, enquanto vizinhos ansiosos rondavam por ali. Mas acontece que não há lei contra uma pessoa que quebra sua propriedade, e ninguém havia sido ferido, então Tom não foi preso, mas acabou indo a um conselheiro.

Quando Tom contou sua história, havia uma nuance interessante: Ele não quebrou tudo: algumas coisas na casa estavam ilesas. Parece que ele sabia exatamente o que ele estava quebrando e cada objeto que ele quebrou tinha uma história por trás. Quando quebrou a TV, ele pensou em todas as vezes em que tentara estabelecer algumas regras sobre seu uso, regras que tinham sido negadas. Quando ele tombou a geladeira, ele pensou em todas as vezes em que os adolescentes podiam assaltá-la, mesmo que estragassem o jantar. E a lista continuava.

Tom quebrou coisas porque tentava ser ouvido. Ele queria e precisava desesperadamente que sua nova família soubesse como se sentia bravo e alienado. Falhando outros meios, a personalidade de sua sombra falou por ele. Ele não tocou em ninguém; não machucou nenhuma criança, mas também não teve sucesso na comunicação, porque não muito depois seu casamento também acabou. A comunicação pela atuação raramente funciona. Mas outros meios de comunicação também não funcionaram quando os escolhemos, em algum nível de nosso ser, para nossa comunicação. Sob tudo isso está nossa maior necessidade: a necessidade de que alguém nos escute.

IX. As pessoas são diferentes

No primeiro capítulo, notei que as pessoas são diferentes e, no quinto capítulo, mencionei que algumas pessoas são do tipo reflexivo e que podem ver coisas de forma diferente das pessoas do tipo sentimental. Eu prometi explicar o que isso significa, e chegou a hora de fazê-lo. É fato que as pessoas *são* diferentes, e se aprendermos a entender isso, e virmos como nosso amigo, nosso marido, nossa esposa ou nosso filho é um tipo de pessoa diferente de nós mesmos, muitos desentendimentos podem ser evitados, e nossa percepção dessas diferenças será uma ponte sobre tanta água que existe entre nós e os outros.

Houve várias tentativas de se descreverem as diferenças tipológicas humanas, mas a mais compreensiva é aquela de C. G. Jung. Apesar de não ser perfeita, é a melhor que existe, e vamos usá-la para nos ajudar a entender as diferenças entre as pessoas e o que isso significa para a comunicação.

Deve ficar claro, entretanto, que isso será apenas uma breve pesquisa do vasto e rico campo da tipologia humana. Espero que haja informações suficientes neste capítulo que sejam de um valor imediato e prático no aprendizado da comunicação, mas a pessoa que quiser entender o assunto dos tipos de forma mais completa deve aprofundar-se em parte da literatura no campo. A obra fundamental para a tipologia de Jung é do próprio Jung. Seu trabalho *Psychological Types* (CW 6) é um estudo rico e brilhante, mas infelizmente é complexo demais e pesado para a maior parte das pessoas. A primeira parte do fino volume chamado *Jung's*

Typology, por Marie-Louise von Franz, é clara e muito mais concisa. Outro livro introdutório é o de Isabel Briggs Myers, cujo volume *Introduction to Type* é muito prático. Isabel Myers é uma das criadoras do Indicador de tipos Myers-Briggs, um teste psicológico simples que ajuda as pessoas a determinarem sua própria tipologia. Algumas de suas pesquisas com esse teste foram resumidas em seu mais recente volume, *Gifts Differing*, um livro que inclui informações especiais sobre tipologia e casamento.[1]

Comecemos com as duas orientações básicas frente à vida. A maioria de nós está consciente de que algumas pessoas são conhecidas como extrovertidas e outras como introvertidas. O que podemos não saber é que C. G. Jung é o homem que percebeu que essas pessoas são fundamentalmente diferentes em sua atitude frente à vida, algumas estando envolvidas com e fascinadas pelo mundo fora de si mesmas, e outras estando envolvidas com e retidas a seus processos subjetivos, interiores. Ele chamou essas duas orientações quanto à vida de extroversão e introversão. Na verdade, a extroversão e a introversão são dois polos de um espectro, e devemos imaginar a raça humana espalhada ao longo de todo o comprimento desse espectro. Assim, algumas pessoas podem ser descritas como fortemente extrovertidas e outras como fortemente introvertidas, enquanto outras caem mais para o meio, e para alguns pode ser difícil saber qual orientação quanto à vida é mais forte.

O filósofo pensativo contemplando a vida, o psicólogo reflexivo perscrutando as profundezas de sua psique, o religioso contemplativo buscando Deus de sua própria e quieta maneira e a naturalista regozijando-se em seus solitários passeios por entre a natureza podem ser, todos eles, exemplos de introvertidos. Os políticos ou homens de estado, envaidecendo-se no reino da ocupada vida humana, o engenheiro envolvido na construção de cidades e o

[1] Os livros de Isabel Myers, assim como outros, podem ser obtidos através do Center for Applications of Psychological Types, Inc., 1441 Northwest Sixth Street, Suite B-400, Gainesville, Florida 32601, USA.

apresentador que é mais feliz misturando-se e agradando à multidão podem ser exemplos de extrovertidos. Claramente, a orientação de vida básica do primeiro grupo de pessoas parece diferente da do segundo. No primeiro caso, o que está envolvido é o perscrutar para dentro, e no segundo o olhar para fora. A diferença reflete-se na mitologia grega, na história de Prometeu e seu irmão Epimeteu – tipos opostos cujos nomes significam respectivamente previdência e reflexão posterior.

Em nossa cultura, a extroversão é apoiada e encorajada e a introversão, muito criticada. Em alguns lugares a introversão é até equiparada a algum tipo de doença. Às vezes se diz que não é bom se estar envolvido com o próprio eu; e o desejo que uma pessoa introvertida tem por momentos de reflexão em que possa recolher-se em si mesma geralmente é visto como antissocial, como se ela não gostasse de pessoas. Mas não é verdade que os extrovertidos gostem mais das pessoas que os introvertidos. Os introvertidos podem amar as pessoas e precisar delas tanto quanto os extrovertidos, só que fazem isso de forma diferente. Por exemplo, as amizades entre introvertidos geralmente envolvem alguns relacionamentos profundos. Os extrovertidos, entretanto, podem satisfazer suas necessidades sociais com um espectro mais amplo de relacionamentos que os introvertidos, mas com relacionamentos que não são tão profundos.

Como os extrovertidos e os introvertidos são tão diferentes, eles veem as coisas de forma diferente, gostam de estilos de vida diferentes e têm valores diferentes. Se duas pessoas estão em um relacionamento e uma é extrovertida e a outra é introvertida, uma distância abre-se entre elas. Cada um deles pode pensar que há algo de errado com o outro e isso cria um clima de crítica e de incompreensão. Se esse for o caso, será bem útil que as duas pessoas entendam suas diferenças em uma escala extroversão-introversão.

Então elas podem entender que a outra pessoa não está errada, mas é diferente; não é teimosa, persistindo em um curso de vida errôneo, mas está genuinamente seguindo seu próprio caminho. Aprendendo a apreciar o ponto de vista de outra pessoa, tornamo-nos um pouco menos unilaterais, pois cada atitude quanto à vida, se exclui seu oposto, *é* unilateral.

É mais comum que um relacionamento entre um extrovertido e um introvertido aconteça na vida em família. Esse relacionamento não é tão comum entre amigos, porque estamos inclinados a escolher amigos entre pessoas de nosso próprio tipo. (Um extrovertido e um introvertido podem tratar-se amistosamente, mas não é provável que se tornem amigos íntimos; suas preferências na vida são muito diferentes.) Mas um homem introvertido pode casar-se com uma mulher extrovertida, ou vice-versa. Então é inevitável que haja uma colisão entre suas diferentes orientações. Pais introvertidos podem ter um filho extrovertido, ou pais extrovertidos podem ter um filho introvertido. Então haverá dificuldades da parte dos pais para entender esse filho em particular, que parece ser tão diferente, e cuja diferença é prontamente mal-interpretada como comportamento aberrante, indesejável ou teimoso e voluntarioso. A comunicação então pode rapidamente acabar, a menos que os pais entendam que seu filho não está errado, apenas é diferente.

Além das orientações básicas de vida, também há, de acordo com Jung, quatro funções psicológicas básicas. Ele chama essas funções de pensamento, sentimento, sensação e intuição. Com função Jung quer dizer certa forma de funcionamento ou atividade psicológica que tende a permanecer igual mesmo sob diferentes circunstâncias, e que o ego pode utilizar e desenvolver para abordar a vida e lidar com problemas e dificuldades.

Pensamento e sentimento são chamados de funções racionais, porque eles nos qualificam a chegar a conclusões. Eles se relacionam de tal forma que o desenvolvimento de uma função é feito às custas da outra. Assim, tendemos a desenvolver o pensamento às custas do sentimento, e vice-versa.

Sensação e intuição são chamadas de funções irracionais, porque elas concernem à coleta de informações. Elas também tendem a ser mutuamente exclusivas uma à outra. Assim, podemos diagramar as quatro funções como o gráfico a seguir:

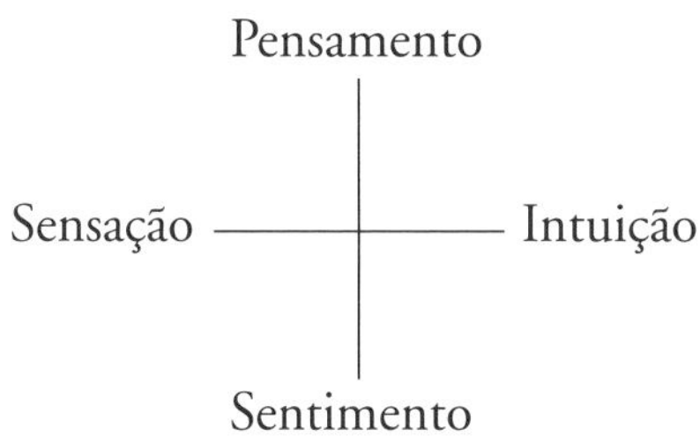

A ideia é que, em seu desenvolvimento, cada pessoa utiliza e desenvolve uma dessas quatro funções. Isso torna-se a função primária e dá a ela sua tipologia primária. A função que é desenvolvida geralmente é a mais fácil para essa pessoa usar e torna-se a ferramenta mais eficaz para seu ego em particular. (É geralmente uma questão de hereditariedade.) Dependendo de qual função é a mais desenvolvida, podemos falar do tipo reflexivo, do tipo sentimental, do tipo intuitivo ou do tipo sensitivo.

O tipo reflexivo aborda a vida de uma forma analítica, lógica. Uma pessoa que usa essa função tenta analisar as situações e chegar a conclusões com base na lógica de uma situação, iluminada por seus poderes de discriminação e conceitualização. Em nossa cultura particular, os tipos reflexivos são recompensados. Nosso sistema educacional apóia o tipo reflexivo, e os tipos reflexivos podem muito bem achar que seu potencial de ganhar dinheiro é maior que outros tipos de pessoa, sendo iguais as circunstâncias.

A função sentimental aborda a vida para avaliá-la; é a função avaliadora. Uma pessoa que usa essa função chega a conclusões também, como o tipo reflexivo, mas suas conclusões dizem respeito a questões de valor. "Isto é bom, isto é terrível, isto é desejável..." são as conclusões do tipo sentimental de pessoa. Esse tipo frequentemente está em desvantagem, porque vivemos em uma cultura que não se importa com valores, mas com poder.

O tipo sensitivo é um coletor de informações. A pessoa com essa função está consciente do mundo externo. Essa é a pessoa que nota coisas, que pode contar para você a cor do sofá na sala de estar do amigo em cuja casa ela estava a noite passada. A função sensitiva está interessada no mundo externo de fatos tangíveis e chega a conclusões através dos sentidos do corpo.

O tipo intuitivo também coleta informações, mas ganha essas informações através da intuição: "os olhos da alma". A pessoa intuitiva percebe possibilidades, vê coisas que ainda não existem, mas podem existir, e também (se introvertida) pode ver o mundo da psique, o misterioso mundo interno com suas sombras e imagens que não são percebidas pelos sentidos corporais, mas podem ser vistas intuitivamente.

Eu mencionei que o intuitivo pode enxergar lá dentro a psique, se introvertido. Isso aponta que cada função psicológica é ligada a uma pessoa com uma orientação psicológica extrovertida ou introvertida. A orientação psicológica determina o foco da função psicológica. Assim, um tipo reflexivo extrovertido pode voltar suas funções analíticas ao sistema econômico da nação e tornar-se um importante economista. A pessoa reflexiva introvertida, por outro lado, pode tornar-se um químico pesquisador, trabalhando em relativo isolamento no laboratório. Um tipo sentimental extrovertido pode tornar-se um reformador social, envolvido em problemas e valores sociais, ou um expansivo padre ou ministro de paróquias;

um tipo sentimental introvertido pode estar mais preocupado com o desenvolvimento da vida familiar, ou pode tornar-se um psicoterapeuta. Um tipo sensitivo extrovertido pode tornar-se um biólogo, fascinado e atento a um mundo de fatos, mas um tipo sensitivo introvertido pode tornar-se um contador, absorto nos números de relatórios financeiros. Um intuitivo extrovertido pode tornar-se um planejador talentoso, uma pessoa que "vê" como uma cidade morta e moribunda pode ser reconstruída, ou as possibilidades de desenvolvimento de uma terra não utilizada, enquanto um intuitivo introvertido pode tornar-se um poeta ou um historiador.

Para tomar alguns exemplos históricos, Albert Einstein provavelmente foi um tipo reflexivo ou intuitivo introvertido. Jung, dizia-se, era um tipo reflexivo introvertido, mas Freud, como Jung pensava, era um tipo diferente dele, e essa é a razão pela qual eles discordavam. Suspeito que Charles Darwin tenha sido um tipo sensitivo extrovertido; ele andou pelo mundo notando coisas que aos outros passariam despercebidas, vendo fatos que foram ignorados. Um homem como Abraham Lincoln, entretanto, mostra evidências de um desenvolvimento considerável nas quatro funções, razão essa por que o vemos como um homem incomumente completo em sua personalidade.

Já falamos da função primária, mas e as outras três funções? Elas também têm seu papel. Duas das outras funções mostram-se aptas ao desenvolvimento junto com a função primária. Assim, uma pessoa do tipo reflexivo pode também desenvolver a intuição ou a sensação como função auxiliar. Então falamos de um extrovertido (ou introvertido) do tipo reflexivo-sensitivo ou reflexivo-intuitivo. Mas a quarta função, que na prática parece sempre ser o oposto da função principal, fica para trás. Ela nunca parece desenvolver-se até o ponto no qual o ego pode conscientemente induzi-la, direcioná-la ou usá-la. Seu papel na individuação, o processo de tornar-se inteiro, é crucial, mas está além do escopo deste livro. Nossos propósitos de agora nos são suficientes para sabermos que cada um de nós tem uma orientação em relação à vida e utiliza algumas das quatro funções psicológicas possíveis, e isso pode fazer-nos um tipo fundamentalmente diferente de pessoa do que nosso amigo, pai, esposa, marido, empregador ou empregado com quem devemos comunicar-nos.

Se não entendermos nossas diferenças, pode haver dificuldades sem fim na comunicação, como apontamos, porque as duas pessoas veem as coisas de pontos de vista muito diferentes. Assuntos políticos, por exemplo. Um tipo reflexivo pode argumentar: "O comunismo é uma ameaça. Assim, onde quer que ele apareça, deve ser combatido, à força se necessário". Uma pessoa do tipo sentimental, pensando nos horrores da guerra, pode dizer: "A guerra é terrível. Não importa o que aconteça, devemos tentar evitá-la". Cada pessoa tem pontos a seu favor. O ponto de vista de cada pessoa é também limitado. Cada pessoa pode concluir que a outra é "sem coração" ou "sentimental", simplesmente porque uma não entende o que a outra está dizendo de um ponto de vista diferente.

Claro que um ponto de vista completo ou total deveria enxergar uma dada situação da perspectiva das quatro funções. Isso é um ideal pouco provável, mas é possível para uma pessoa expandir seu ponto de vista unilateral, aprendendo a apreciar o ponto de vista da outra, que é psicologicamente diferente. Um resultado valioso desse aprendizado a ser relatado é que nós aprendemos a apreciar o ponto de vista da outra pessoa tão bem quanto o nosso. Dessa maneira, desenvolvemos uma personalidade mais ampla.

Se um homem do tipo reflexivo casa-se com uma mulher do tipo sentimental, por exemplo, eles podem discutir amargamente, até decidirem que *são* diferentes e que é melhor entenderem aquele fato e apreciarem suas diferenças. Se, então, o homem do tipo reflexivo começa a entender sua esposa, ele incorpora parte de sua perspectiva sentimental dentro de si mesmo, e vice-versa. Dessa forma, cada pessoa torna-se menos unilateral e mais completa.

A teoria das funções tem muitas aplicações, mas talvez seja especialmente importante num casamento. Isabel Briggs Myers, em seu livro já mencionado, devota um capítulo inteiro a "Tipo e Casamento". Para começar, ela nota que homens e mulheres tendem a casar-se com pessoas de aproximadamente o mesmo tipo que eles mesmos. E, após administrar o teste de personalidade Myers-Briggs a tantas centenas de casais, ela conclui que há mais similaridades que diferenças entre os casais.

Apesar disso, homens e mulheres de tipos opostos *se casam*. Esses casamentos, ela aponta, apresentam dificuldades especiais na comunicação, mas também oferecem possibilidades especiais para o desenvolvimento de cada parceiro, se as diferenças forem reconhecidas e respeitadas.

Conselheiros matrimoniais frequentemente acham útil dar o teste indicador de tipos Myers-Briggs, ou um teste comparável, como a pesquisa de tipos junguianos Gray-Wheelwrights, a seus clientes, como base para discussão futura. Os indivíduos também aproveitam frequentemente esses testes para ajudar a definir, por si mesmos, sua tipologia básica. Qualquer psicólogo treinado deveria ser capaz de administrar os testes, que são simples de fazer e, já que não diagnosticam patologias, não são ameaçadores na realidade. Claro, como qualquer instrumento humano, os testes de tipo não são infalíveis, nem podem descrever de forma acurada todas as complexidades de qualquer personalidade individual, mas nos dão uma noção de nossa abordagem psicológica fundamental de vida.

Fazendo ou não os testes, o fato importante que cada um de nós deve lembrar é que *somos* diferentes um do outro. Em última análise, a boa comunicação entre as pessoas pode depender da habilidade de uma pessoa de respeitar o direito da outra pessoa de ser ela mesma. Essa é uma das coisas fundamentais do amor e o amor é o grande facilitador da comunicação entre os semelhantes.

Esta obra foi composta em CTcP
Capa: Supremo 250g – Miolo: Pólen Soft 80g
Impressão e acabamento
Gráfica e Editora Santuário